刘杰 著

怎样活物写活人

国学与新闻写作系列

人民日报出版社
北京

图书在版编目（CIP）数据

怎样写活人物 / 刘杰著 . — 北京：人民日报出版社，2021.1
ISBN 978-7-5115-6823-6

Ⅰ . ①怎… Ⅱ . ①刘… Ⅲ . ①人物形象－新闻写作
Ⅳ . ① G212.2

中国版本图书馆 CIP 数据核字（2020）第 255147 号

书　　名：怎样写活人物
　　　　　ZENYANG XIEHUO RENWU
作　　者：刘　杰

出 版 人：刘华新
责任编辑：曹　腾　季　玮
版式设计：九章文化

出版发行：人民日报出版社
社　　址：北京金台西路 2 号
邮政编码：100733
发行热线：(010) 65369509　65369527　65369846　65369512
邮购热线：(010) 65369530　65363527
编辑热线：(010) 65369523
网　　址：www.peopledailypress.com
经　　销：新华书店
印　　刷：大厂回族自治县彩虹印刷有限公司
法律顾问：北京科宇律师事务所　010-83622312

开　　本：710mm×1000mm　1/16
字　　数：170 千字
印　　张：14.75
版　　次：2021 年 9 月第 1 版　2023 年11月第 2 次印刷

书　　号：ISBN 978-7-5115-6823-6
定　　价：48.00 元

人物通讯，或称人物新闻，是新闻采写中不可或缺的一大种类。艾丰先生在《新闻写作方法论》中说："这种通讯主要是写人的事迹和人的思想。在我们国家的报纸上，人物通讯一般都是写先进人物的；也有少数是写落后甚至是反面人物的。"他还说："人物通讯有写一个人的，有写一群人的。"围绕先进人物的通讯写作，本卷重点放在后边两句话上，即如何写活一个人，又如何写活一群人。同理，把正面人物写活了，写落后或反面人物也会淋漓尽致的。

通古今之变，传人文之神
——读《怎样写活人物》有感并代序

杨柏岭

　　相遇是一次交集。原本在不同轨道上行进的人，由于各自的命运安排，却在特定的时间、空间上相见、相识乃至相知，这就不得不令人惊叹人间情谊也是一种幸运的偶然关系。我与人民日报社安徽分社原社长刘杰的交往正是如此。2016 年，学校党委将我从学报编辑部主任岗位调至新闻与传播学院，担任执行院长一职，人事关系亦从文学院调整了过来。工作环境的变化，固然是对之前所熟悉空间的突破，其中不免也有走进陌生空间的恐慌，但经历之后，又会在新的环境中淘得之前无法获得的人生瑰宝。于是，我在与自己相伴数十年的古代文化挥手暂别之际，却有幸结识到了诸多新闻界人士。同年，在学校原党委书记顾家山同志的引荐下，刘杰社长以柔性人才引进方式受聘为安徽师大教授，实现了从一个卓越的新闻工作者向高校新闻专业教师的重要转变。

　　回想与刘老师交往的五年，刘老师在我心中的形象有个动态的变化过程。由原先的在中央级媒体发表头条最多的记者之一，经走进高校潜心问教的追求者，到如今笔耕不辍、幽默智慧的长者、师者。我们之间的关系，由早先的彬彬有礼到如今的无话不谈，甚至还会相互间肆意地逗乐。我对他的称呼由之前的刘社长变为现在的刘老师，而发自内心的崇拜与敬重越发浓烈。个中的变化，不只是因为交往的频繁带来的深厚情谊，还有刘老师以道德文章为本的生命姿态、令人折服的沉郁顿挫的性格以及我们对新闻传播人才培养的共同责任与担当。

2013 年，安徽师大新闻与传播学院入选中宣部、教育部首批 10 所部校共建新闻学院试点单位。我到学院工作之年，正是学校新一轮人才培养方案修订之时。经过多方调研，我们认为当前新闻与传播人才培养面临诸多的挑战，需要探索新的转型方向。一是需要重新认识加拿大学者麦克卢汉"媒介即讯息"等主张，尤其是媒介是载体还是本体，需要辩证地理解；二是要重塑新闻传播的质量意识，深度思考并解决传播"品质弱化"问题；三是要重视"传播学本土化"尤其是"本土传播学"研究不足的现状，解决传播者文化素养断代的问题；四是需要重视文化传播人才培养重技能轻修养的现象，夯实文化修养与科学素养等。总之，随着新媒介的出现与快速发展，新闻与传播学学科的确立，我们中的部分人越来越信服"媒介即讯息"的主张，于是，原本为载体的媒介渐趋本体化，我们只重视"媒介"这个载体本身，忽视了传播者的文化修养与知识结构，忽视了传播内容的专业性学习与把握，忽视了传播效果的文化品质。这样，原本为工具存的媒介，此时就更加空壳化。

鉴于此，我们确立了"人文与科技并重，理论与实践结合"的人才培养规范，以此为指导思想，在人文方面，新增了"文史哲导论""文化与传播专题""应用语文"等课程。增设这些课程的目的正在于紧扣"国学与新闻"这个主题。刘老师受聘我校之后，以非常严肃认真的态度投入到备课工作之中，他多次来校调研听课，了解高校教育教学方法；同时，在合肥备课期间，常常只带着几个馒头到工作室，早出晚归，乐此不疲。接着，我们以"刘杰新闻故事汇"为品牌，邀请刘老师定期为本科生讲课。起先是"提问新闻"系列，围绕从如何做记者到如何做新闻这个话题，教导学生学会"费尽心机"找选题、"不遗余力"挖主题、"苦苦思索"显功力等新闻工作者的能力，提高学生的新闻传播素养。继而，讲授"头条背后的故事"系列，以《人民日报》等头条新闻作品为例，向同学们讲解这些作品之所以刊登在头条的缘由，为同学们树立好新闻的标准，激发他们成为一名好记者的职业理想。两轮之后，在学校党委书记胡朝荣、校长张庆亮、副书记蒋家平等同志的持续支持下，刘老师以唐宋八大家、桐城派等为主要对象，拓展了"国学与新闻"系列课程。

如果说我在问学的道路上是从古到今的延伸，那么刘老师就是由今向古溯源，而交汇点都在新闻传播的人才培养上。其实，从汉语言文学专业毕业的刘老师，在35年的记者生涯中已经展现出雄厚的实力。我曾认真学习过刘老师的《头版头条作品选》（待出版）。这部书稿收录自20世纪80年代至今约35年间的新闻作品，这些作品主要发表在《人民日报》《安徽日报》等党报头版头条，其中一定比例的作品更是刊登在《人民日报》头版头条。从新闻体裁而言，有消息、通讯、深度报道、言论等；从题材来看，涉及经济、社会、环境、医疗、人物等国计民生的各个方面，而令人印象深刻的则是作品的质量，充分体现了习近平总书记所说的"脚力、眼力、脑力、笔力"的功夫。

如今，始于在安徽师大新闻与传播学院授课，转向国学与新闻写作的研究，聚焦桐城古文派之兴盛与新闻工作素养之提升，正是刘老师的专业背景与职业经历的汇聚与互构。

贯穿清朝上下二百多年的桐城古文派，讲义法，重神气，既强调思想性，又追求精气神，主张文章于世有补，于人有益，实际上是对唐宋八大家的继承和发展，更对新闻写作有难得的启迪。被后人尊为"桐城派三祖"之一的姚鼐，是桐城古文派集大成者，他在《古文辞类纂序》中说："文士之效法古人，莫善于退之。""退之"即韩愈，和柳宗元倡导并领导了唐代古文运动，力主"文以载道""文以明道"，讲求"陈言务去""词必己出""文从字顺"，使八代以来的衰败文风得到振兴，至宋代"三苏"和王安石、曾巩再度崛起。苏轼称颂韩愈"一言而为天下法"，还说其古文事关"参天地之化，关盛衰之运"（《潮州韩文公庙碑》）。唐宋八大家与桐城派对古文的倡导，与新时期新闻舆论工作做有思想、有温度、有品质的新闻，大有融会贯通之妙用，因而值得进一步挖掘弘扬，推进当今新闻事业发展。

从姚鼐将古文分为十三类中可以看出，除了序跋、赠序、诏令、箴铭、颂赞、辞赋、哀祭外，其论辩、奏议、书说、传状、碑志、杂记都与新闻有关。论辩、奏议与新闻言论相通，书说、传状、碑志与新闻人物、纪事和特写相近，杂记与日记体、风貌体新闻相仿佛。这就更值得细化研究，将古文或者说将国学引入新闻采写方法论中，增强新闻工作者素质，提升新闻采写水平，于是才有了刘老师现在将要推出的"国学与新闻写作系列"丛书。

"国学与新闻写作系列"研究首先需要解决的是国学概念。何谓"国学"？众说纷纭，随时而变。邓实在《国学讲习记》（1906 年）中较早地作出了解释："国学者何？一国所自有之学也……国学者，与有国而俱来。本乎地理，根之民性，不可须臾离也。"此说并没有交代清楚"国学"这个概念产生的背景。其实，"国学"是相对于"西学"而言的，在清末民初这个西学东渐、文化转型的特殊时期才逐渐得以彰显，是指中国学术的简称。当代学人季羡林认为，"'国'就是中国，'国学'就是中国的学问，传统文化就是国学"，不过，"现代对传统文化的理解歧义很大"，因此，他主张"大国学"的概念。按照他的理解，"国内各地域文化和五十六个民族的文化，就都包括在'国学'的范围之内"（《季羡林说国学·前言》，2007年）。可见，"国学"概念很是宽泛，一般多从广义、狭义角度理解。广义的国学，指中国（含各地域各民族）的传统文化与学术，狭义的国学主要指儒学。古文，泛指秦以前流传下来的篆文体系的汉字，狭义的古文又是指古代散文，当然不包括韩愈等所反对的骈文。本著丛书所借鉴研究的是国学中的古代散文等，缩小范围则是新闻与传播直接关联的唐宋八大家、桐城古文派代表作，以及《孟子》《史记》《世说新语》《资治通鉴》《通鉴纪事本末》，等等。

那么，国学与新闻是如何结合的呢？"国学与新闻写作系列"研究主要围绕人物、纪事、特写、言论、风貌旅游和日记体新闻，重点放在"怎样写"上，既看古文相关名篇怎样写，又看中国新闻名家怎样写，还结合刘老师个人作品分析怎样写。与其他新闻写作研究所不同的是，此系列研究丛书不是纯理论研究，也不是纯教材编写，而是以古今经典范例为证，融会贯通，以叙事方式，给人以优雅轻松的阅读享受，让读者在阅读中感受古今相关写作上的精妙之处，激发写作情感，提升写作水平。

　　"国学与新闻写作系列"研究格外注重创新，既结合传统理论，又开辟新的领地，努力让国学与新闻写作上升到新的水准。比如《怎样写活人物》既有怎样写活一个人的论述，也有怎样写活一群人的探讨。这一群人的写作研究，就完全是新的领域，在没有任何参考资料的情况下，巧借群雕艺术钥匙，开启写活群体人物的全新研究，既有韩愈《张中丞传后叙》等古代作品中群体人物的写作范例，又有现当代沈重、魏巍、安洋、王慧敏等名家的新闻名篇典章，还有刘老师本人的作品分析，可谓是古为今用，活学活用，学用结合；比如《怎样写深纪事》，既有传统纪事研究，也有新媒体纪事探索，将融媒体发展引入到古今纪事研究之中，开辟了与当今互联网融创新领域；还比如《怎样写精特写》，也是既引入现场短新闻方法论，也有讲故事新手段的研究，把讲故事作为特写写作方法的独特武器。因为系列研究是个漫长的过程，其人物卷即将出版，纪事卷年底可面世，特写明年上半年可完成，而怎样写好言论和日记体、风貌体新闻等卷，则要在以后的几年中陆续完稿，这些将展现全新探究，极大促进新时期新闻写作方法的创新发展。

　　"国学与新闻写作系列"研究结合新时期新闻工作"四力"要求，挖掘国学名篇成文背后的修养，以及中国新闻名作和刘老师个人的成稿经历，努力给读者新闻采写之脚力、眼力、脑力、笔力启示。同时，特别注重作者德行修养上的故事发掘，在彰显作品潜质的基础上，体现古今名家看重技法，更力行文德人品至上的人生标示，从而启迪新时代新闻工作者职业道德的修行，更好地强化新闻队伍建设。

　　国学与新闻写作系列研究力求以讲故事方式行文，在叙事与探讨、比较和挖掘中体现研究成果，以自然天成的方式完成人物、纪事、特写等新闻业务研讨，绝无"穿靴戴帽"、牵强附会之感。事实是，古人为文，特别是人物传记、纪事明理，以及短篇特写等，无不是尊重事实，讲求方法，求真求实，文美德馨，在世代传播中突显社会效果，以求对事实负责，也对个人负责，由此才成为千古名篇。

郑板桥谈画竹，要求由"眼中之竹""胸中之竹"到"手中之竹"。王国维谈作诗填词，主张由"能感之"到"能写之"，这就要求诗人词人们"入乎其内""出乎其外"。诸如此类，与新闻"采""写"等能力一脉相承。这部《怎样写活人物》围绕怎样写活一个（群）人这个主题，通过古今典范例子对比分析，依次通过结构板块、细节再现、个性语言、表现方式、思想情操等新闻写作的关键处一一阐释，娓娓道来，入情入理，令人信服。

常听同学们反映喜欢刘老师的案例教学，新闻人的情怀，新闻人的"四力"，均可以通过刘老师的一个个鲜活经典新闻作品的剖析得以理解。这个理解不纯是抽象的理论知识，而是具体的、生动的"故事""影像"。每当同学们敲打键盘，类似的笔法、技巧，就涌上心头，在眼前舞动起来。太史公《陈涉世家》中的陈胜、吴广的对话，韩愈《圬者王承福传》中王承福"独善其身"的人生真谛、《张中丞传后叙》中的张巡、许远、南霁云等英雄，柳宗元《种树郭橐驼传》中郭橐驼"顺木之天"的治民之术，苏轼《方山子传》所写风流隐士方山子的清高，方苞《陈驭虚墓志铭》中陈驭虚"君与贵人交必狎侮"的高傲，刘大櫆《樵髯传》中"不肯穷竟其学"之樵髯的散淡，戴鹏、徐运平笔下的公安局长任长霞，刘杰老师笔下的一级英模李素珍……"不愧是资深记者啊！刘杰老师在授课过程中穿插大量采访案例及自己的体会感受，弥补了大学新闻教育实践性的不足，让我们对新闻采访有了更多的认识，也进一步巩固了此前学到的新闻采访理论！""说实话，今天的课程给我留下了非常深刻的印象。刘杰老师亲切的教学风格不仅仅消除了我内心的紧张，更是鼓励我勇敢地抛出深藏在内心的疑问，并同他交流。"同学们如是说。

以35年的记者经历为铺垫，在课堂教学中，刘老师结合自己的工作经验所得出的独特结论，可谓充满了他个人的思想和智慧。这部《怎样写活人物》讲述的正如卡耐基评价令人震撼的演讲时说的，"他讲给我们的不再是'加热'过后的杂志文章了"，他留给同学们是如获得"矿藏"般的生命启示，而他自己也得到了思想的"金币"。如，谈到文学与新闻的异同，指出"新闻也可以说是人学，不过，新闻人物只能是事实中的'这一个'，而不是文学中的'这一个'""新闻人物不能虚构，却同样需要鲜活"，告诉我们"新闻可以借鉴文学手法，然必须尊重新闻规律"的道理。类似的精彩之言，俯拾皆是，像"史家大记者，新闻小史学""拍摄下来的虽然是活人，但不一定会活得令人喝彩""油然而生的议论，对于人物形象塑造而言，真正是达到了浑然天成的效果""抓得细，还要写细，在细节中让人物活起来，动起来""简练而有温度，线性而有声响，勾勒而不乏血肉，就是一种很好的语言生态环境""对话最能看出人物个性，引语最能烘托人物情操""融手法让人物'潮'起来""新媒体贵在新，更贵在文字功夫的实。融手法要与新技术融，更要与扎实的传统表现技巧融"……

"国学与新闻写作系列"研究讲的是方法，更是精神、文化。新时代需要融媒体新形式，却不能失落老传统。国学中有新闻，新闻更需要国学。在传统文化中提升新媒体素养，以新媒体素养传承古文精髓，如是，才能让党的新闻伟业更加辉煌耀眼。

是代为序。

作者为二级教授、皖江学者特聘教授、

安徽师范大学新闻与传播学院执行院长

2021 年 7 月 29 日

目 录
CONTENTS

上 卷
——怎样写活一个人？

如何把人物写活，古往今来，一直是写作家，包括新闻人在内，颇费心思的话题。

提起人物塑造，我们常常会想到文学作品中一个个活生生的人物形象。同时也会想到，为什么文学中的人物会久久地活在读者心里，而新闻人物却难以做到？

文学是人学。文学中的人物可以合理化想象，可以调动心理描写、景物描写、肖像描写、场面描写、细节描写和行动描写等手段，写出文学人物画廊中的"这一个"。

然而，新闻不行。新闻不是文学。新闻是写实的作品，事实是不能虚构的，事实中的人物形象确实不大好塑造。

新闻也可以说是人学，不过，新闻人物只能是事实中的"这一个"，而不是文学中的"这一个"。

需要强调的是，新闻人物不能虚构，却同样需要鲜活。活的新闻人物才能打动人、感染人、教育人。写一个新闻人物是如此，写一群新闻人物也是如此。

如何才能把新闻人物写活？

当然可以借鉴文学写作笔法，可以运用种种描写，只是必须依据新闻规律，在真实的范围内有限度地借鉴文学笔法。

比较文学人物与新闻人物的形象塑造，可以清晰地看出，新闻人物写作与文学人物写作相通之处就在于：

一样注重细节再现，细节是人物血肉最具活力的细胞；

一样强调结构板块，结构是撑起人物挺立起来的骨骼；

一样看重个性语言，语言是人物生动感人的肌理反映；

一样需要选择巧妙的表现方式，再现人物具体活动环境；

一样要追求思想情操，让人物形象耸然立于天地之间。

当然这一切都离不开生活，离不开事实。文学人物来源于生活，新闻人物更要从事实生活深处采撷。

写活文学人物靠作家的本领，写活新闻人物更考验记者的真功夫。

其实要写活新闻人物更难，不仅需要写作上的"十八般武艺"，更需要采访上的"真刀真枪"。

结合古今成功范例，包括笔者的一些粗陋之作，不妨首先试论一下一个新闻人物如何写活的问题。

一、先从两个民警新闻人物说起

一个成为新闻人物的是安徽合肥市户籍民警李素珍,经过笔者采写,上了《人民日报》头版。

一个是河南登封市公安局长任长霞,经过两位高手采写,不但上了《人民日报》,而且还获得中国新闻奖。

两个民警职务不同、成就不同、影响不同,为什么会同样上了党中央机关报的重要版面,产生了如此巨大的影响?

说起来既与新闻事实有关,也与记者的精心采写有关。

合肥市公安局李素珍只是一个普普通通的户籍民警,不幸因病去世,却成为全国公安系统一级英模。

她为什么会获得如此殊荣?笔者为此进行了深入细致的采写。

李素珍从警 14 年,凭着一颗爱岗敬业、赤诚为民的心,始终不渝地实践着"当民警,就要为人民服务;干事业,就要有一番痴情"的诺言,留下一个个闪光的脚印。她曾 5 次受到嘉奖,1 次获三等奖,3 次被评为优秀党员,以及市"十佳户籍民警",体现了公安民警为人民的良好形象。

虽然有那么多光环,但她仍然是位极普通的公安干警。

但她又因此获得了全国公安系统一级英模的称号。

显然是身处平凡岗位却有不平凡事迹。

作为新闻人物，如何让她立起来，笔者为此颇费了一番心思。

没有惊天动地的业绩，就从看似琐碎的事情入手，写她细心为民办实事，写她不开后门有原则，写她干工作用心多投入，写她积劳成疾难顾家……

通篇没有豪言壮语，都是平平常常小故事，一个平平凡凡小人物结果登上党中央机关报。

当时帮忙做文字录入的打字员对笔者说，从头看到尾，你写的人物好像没有死。没有"死"，就是还"活"着——笔者目的达到了——就是想把她写"活"，而不是写"死"。

结果，人物通讯《魂系警徽　心连万家——记全国公安系统一级英模李素珍》登上了1997年2月15日《人民日报》头版显要位置，而且还获得了人民日报社好新闻奖。

而另一位民警则有所不同。

不仅在于她的职务不同，更在于人物事迹感天动地：她破积案、打团伙、救人质、抚孤儿、解危困，替百姓撑腰，为弱者申冤，把无数好事善举办到了群众的心坎上。

她不幸因公殉职，万人恸哭，挽幛如云，悲痛凝重的氛围久久笼罩着那块土地。

于是记者以"泪"贯穿通篇稿件：

　　——她抹亮了嵩岳一片蓝天，还给了登封一方平安，百姓就把泪洒给她，把心掏给她，用口为她铸碑。

——她的泪流淌着女人的天性，天性的慈悲，慈悲的纯真，闪耀着彩霞般的丽辉，映照出一位公安局长执法为民、关爱百姓的深切情怀。

——她把有限的生命时光几乎全都用在了事业上，留给家人亲友的唯有痛惜的泪水。

英雄的泪为百姓而洒，百姓和亲友的泪为英雄而洒。

泪飞如雨，人们痛悼失去了心中的"好官""好公安局长"。

泪水如镜，如此"好官""好公安局长"最后又在记者的泪水中"活"了起来——一篇《百姓心中的丰碑——追记公安局长的楷模任长霞》（见 2004 年 6 月 3 日《人民日报》），打动了无数读者的心，活在了中国新闻人物的画廊上。

这就是新闻人物写作的魅力显现。

二、再说几个古代大家笔下的小人物

　　新闻是写实的作品，古代大家笔下的人物纪传，往往也是写实的作品，同样写实的作品为什么他们写得那么传神，那么经久不衰？哪怕是最底层的小人物，一经大家作传，便会永久传响。

　　比如，唐宋八大家中韩愈的《圬者王承福传》，柳宗元的《种树郭橐驼传》，苏轼的《方山子传》，还有桐城古文派方苞的《陈驭虚墓志铭》，刘大櫆的《樵髯传》等。

　　那时的人物传记，就等于当今的新闻人物，不能夸大，不能编造，既要写实，又要传神，否则就达不到传之后世的目的，用今天的话说，就达不到宣传、教育、影响人的效果。

　　那些小人物其实也都没有什么惊世伟业，也没有什么显耀官衔，甚至没有民警李素珍所获得的荣誉，没有公安局长任长霞为官一方的声威盛名。

　　圬者王承福，只是一个泥瓦匠，虽然有过战功，却"弃之来归"，"为技，贱且劳者"，仍"其色若自得"。难能可贵的是，他洞察世事，知"任有大小，惟其所能"而"心安"，知"薄功而厚飨"必"富贵难守"，知"其不可而强为之"必"多行可愧"。这让韩愈"始闻而惑之"，"又从而思之"，似有所获，故为之传。

　　那以种树为业的郭橐驼，更是再普通不过的老百姓。他不仅没有王承福那样曾经的战功，也没有王承福当泥瓦匠的一门手艺，所能为之的只是种树而已。就这，大文豪柳宗元却为之动笔作传，而且不断被收录到各种古文选本之中。为什么？就因为柳文写得好，人以文传，小人物橐驼者因此也成为历史人物长廊中的一个大名人。

方山子则有所不同，世有勋业，折节读书，又嗜酒好剑，一世豪士，然而却遁世而隐，由"救世"到"弃世"，功名利禄皆弃不取，独来往于穷山之中，过上"环堵萧然"的隐士生活。结果却因为苏轼一篇短文而扬名山外，百世流芳。

唐宋八大家无不是写文高手，更是写人高手，其追随者桐城古文派同样以文名世，也同样为许许多多普通人写过名文，立过大传，让那些普通人成为世所喜爱的人物。

可以说，在人物写作上，被后人誉为"桐城三祖"的方苞、刘大櫆、姚鼐皆有传世名篇。有趣的是，方苞、刘大櫆还不约而同地为两位身怀绝技的民间郎中各自作传，他们医术高明，但蔑视权贵，不与权贵结交，风流倜傥，潇洒不群，一样为大文豪所称道，一样因为名文而使人物大放异彩。

还有，姚鼐为恩师刘大櫆写了篇八十寿序，短短几百字，就把恩师描绘得栩栩灵动，其长者风范、师生之谊、人之常情，尽现文字之中，洋溢于读者面前。

上述文章，长者不过千余字，短者仅有几百字，却生灵活现，成为百读不厌的名篇佳作，其中况味，值得深思。

当然也有如《史记》那样的鸿篇巨制，虽然动辄数千言不等，却同样堪称美文，被誉为"史家之绝唱，无韵之《离骚》"。最值得称道的是其以历史人物为中心的本纪、世家、列传，上自帝王将相，下至平民百姓，人各一面，神态各异，既有共性，又有个性，血肉丰满，呼之欲出，使读者如闻其声、如见其人。即使身为佣耕者如农民起义领袖陈胜、吴广，也一样跃动于史学大家的浓墨重彩里，成为历史人物长廊中光辉耀眼的一员。

还有笔者自己的一些人物短篇、其他同事的一些人物精品，虽不是什么惊世之作，却也文短情长，历久不衰，其个中体味感悟依然多多。

如此说来，司马迁的成功，唐宋八大家的笔法，桐城古文派的名篇，以及上述两个民警的人物通讯佳作，还有诸多古今人物名文短篇，无不深深蕴含着精到的成文诀窍，细细咀嚼，定能寻找些规律性的东西。

也就是说，要写活新闻人物，确有一定技巧。正如写活了任长霞的记者所说，不讲技巧的作品难有读者，更难成为佳作。技巧不仅多用于文学作品，也应多用于新闻人物写作。其目的非常清楚，那就是为感动读者，必须把记者的情感传导给读者。

三、试析古今人物写作技巧

技巧一：巧结构让人物"站"起来

让新闻人物"站"起来是第一位的，"站"起来才能"活"起来。"站"起来，就是立体地看，多侧面地看。人物能不能"站"得起来、"活"得美妙，关键看文章架构，看篇章布局，看骨骼塑造是否立得起、"站"得稳。

细节是血肉，骨骼也要壮，结构布局即是文章骨架。有了健全的骨架，才能让人物"站"得挺拔、"活"得舒坦。

如同筑屋构宇，立了柱，架了梁，布了椽，才能摆放房瓦雕饰。在人物描写中，好的细节必须在健全的结构中才能展现活力。没有好的结构布局，就像建房没有搭好柱梁，许多材料就摆布不妥，更难以建成精美的屋厦。优秀的人物作品也必须具有良好的架构，不然就难以使血脉筋络舒展流畅，就显示不出细节美感，塑造不出丰满的人物风貌。

文学作品是这样，新闻作品也是这样，而且越是长篇新闻人物通讯，越要有稳健精妙的文章架构相支撑。

《百姓心中的丰碑》在写作中充分注意到了文章架构技巧。在谋篇结构上，他们力求通过"百姓泪""英雄泪""亲友泪"——"三泪成珠，一线相串"的构思，三串泪又以叙述性小标题自然推出，巧妙地搭建起便于叙事抒情的结构平台。

之一：百姓泪——

其实，百姓的泪很金贵，也很慷慨，就看是对谁。她抹亮了嵩岳一片蓝天，还给了登封一方平安，百姓就把泪洒给她，把心掏给她，用口为她铸碑。

之二：英雄泪——

莫道尽铁血，英雄也流泪。她的泪流淌着女人的天性，天性的慈悲，慈悲的纯真，闪耀着彩霞般的丽辉，映照出一位公安局长执法为民，关爱百姓的深切情怀。

之三：亲友泪——

她是个优秀的公安局长，却不是一个优秀的女儿、妻子和母亲。她把有限的生命时光几乎全部用到了事业上，留给家人亲友的唯有痛惜的泪水。

三个小标题，也自然构成了人物通讯的三个篇章细部，鲜明地形成了三大板块，看似各自独立，却又互相关联，错落有致，结构宏大。英雄为民而柔情，百姓洒泪送英雄，亲友痛失亲骨肉，采访得来的凌乱无序的素材，在此有序分成三大类型，分别归入各个板块，作者以牵肠挂肚的"感情线"串联"组装"，所有素材，包括丰富的故事细节等，极易在健美的文章框架里摆放妥帖，挥洒由己，游刃有余。

更为可贵的是，三个小标题的语言朴实而充满诗意，所表达的三方面的情感泪水里,充盈着三方面人群的真实情感。说到百姓的泪,就说"百姓的泪很金贵,也很慷慨,就看是对谁";说到英雄的泪,就说"她的泪流淌着女人的天性,天性的慈悲,慈悲的纯真,闪耀着彩霞般的丽辉";说到家人的泪,就说"她把有限的生命时光几乎全部用到了事业上,留给家人亲友的唯有痛惜的泪"。然后又以一个个相对应的真实故事,呼应标题情绪,渲染各种打动人心的情感,让不同人群的泪水里映现人物情怀。于是,泪里有情怀,泪里有厚爱,天衣无缝的结构,柔情似水的表达,真正让读者在富有美感的阅读享受中融化。

不仅如此,为了渲染作品情感效果,作者还在三大板块的基础上,又设计了精巧的重复铺排,以反复吟诵强化语感效果,即在每个板块的开头和结尾处,都重复使用"嵩岳无言,颍水低徊。雨像泪一样飘洒,泪如雨一般倾诉。面对每一位受访者的泪眼,记者视线模糊,无法拍照,无法笔记"。如此读来,回环往复,荡气回肠,让一个有血有肉、高大昂扬的典型人物形象屹然挺立在读者面前。

采写户籍民警李素珍,在谋篇结构上,笔者更是费尽了心思,力争在结构上更巧妙、更有用、更合理,更能将方方面面的生动材料都有效地运用到塑造人物形象上去。

作为普通户籍民警的李素珍,没有登封市公安局长任长霞扫黑除恶那样震撼人心的重大事件,没有接待上访为民申冤的惊心故事,没有带队伍、化民风的巨大影响,她只是平平常常的户籍民警,所做的都是琐琐细细的小事情,时时事事都是如此,再普通不过了。然而正是看似寻常小事情,却显示出不平常的纯真性情,所以她才能成为全国公安系统一级英模。

如何让英模在平凡的事迹中丰满高大起来，如何把采访中得来的琐细材料组织好，如何架构好文章骨骼，使细节血肉富有动感，笔者为此花费了比写重大典型人物更多的心力，最后形成了"百姓说""有人说""战友说""家人说"四个章节部分，分别以"她说"开头，引出各自相互对应的四个小标题：

之一：

　　她说："我的岗位面对的是群众，让群众感到一种温暖，自己心里才踏实。"

　　老百姓说："碰到这样的好民警，是咱们的福气。"

之二：

　　她说："我们干公安的，就是对正经事热，对歪门邪道冷。"

　　有人说："找她开后门是很难的，这个人原则性特强。"

之三：

　　她说："干工作就得用心，就得投入，干出点样子来！"

　　战友说："她一上班就像弹簧似的来精神。"

之四：

　　她说："儿子，我欠你和爸爸的最多……"

　　家人说："我们理解你，你是全家人的骄傲。"

公安执法部门，和舆论监督工作一样，一方面要为民说话，弘扬正气，一方面又要主持公道，打击邪气。如果要采写好一线民警，那就要从普通的实事入手，写出一个全面可信而又真实可爱的公而忘私的人物形象。之所以如此安排布局，完全是笔者在全面深入采访之后，反复消化各类材料，才选择了从四方面安排结构，这就把一个普通民警为民、公正、敬业、爱家的种种故事，以一个又一个细节贯穿于四部分之中，从而让人物整体活泛起来，活在通讯精细巧妙的结构中，以至于打字员在默读打印中感觉到李素珍没有死。

需要多说几句的是，人物通讯，包括其他通讯体裁，在结构布局上，往往都是三大段的格局模式，当然这是经过长期新闻实践形成的非常可靠的结构模式，值得好好发扬光大。假如不在结构上打主意，不区分块面，过长或过碎，都会因冗长而使读者产生阅读疲劳。笔者出于创新的探索，更重要的是根据采访所得材料需要，才从四个方面考虑写作章法，事实说明，这种探索也是非常成功的。一是材料好安排组装，二是情感表达自然舒畅，三是有别于传统结构形式，给人以全新感觉。首先从形式上就让读者少些审美疲惫，多些欣赏快感，岂不美哉？文无定法，结构模式也不是一成不变，新闻在新，新闻更新在不断创新探索，新在更为恰当的结构模式上。

要知道，没有好的结构框架，再多的材料也是散沙一盘，再好的细节也无法安放，因此，要让人物在作品中活起来，就得组织好文章结构布局，根据所掌握的新闻事实材料，苦心经营好框架结构，使人物畅快舒坦地挺起腰杆，伸开腿脚，气气派派地"站"起来。

古文大家笔下的人物更是如此。

无论是作传、写序、撰墓志铭，还是著述《史记》那样的鸿篇巨制，凡为文写作，都会在谋篇布局、遣词造句上精心谋划，细致经营。

不妨仍以韩愈、柳宗元、苏轼和方苞、刘大櫆的几篇传记类文学作品为例进行分析。在篇章构架上，大都是起始处交代人物梗概、个性特征，略略几笔，便将人物勾勒出来，一下推到读者面前。然后再抓住重点，逐层展开，或叙事，或对话，或再现当时情景，在人物生龙活虎的跃动中，揭示出令人恍然大悟的世间情理。

　　圬之为技，贱且劳者也。有业之，其色若自得者。听其言，约而尽。问之，王其姓，承福其名，世为京兆长安农夫。天宝之乱，发人为兵，持弓矢十三年，有官勋，弃之来归，丧其土田，手镘衣食。馀三十年，舍于市之主人，而归其屋食之当焉。视时屋食之贵贱，而上下其圬之佣以偿之。有余，则以与道路之废疾饿者焉。（见韩愈《圬者王承福传》）

　　郭橐驼，不知始何名，病偻，隆然伏行，有类橐驼者，故乡人号之"驼"。驼闻之曰："甚善，名我固当。"因舍其名，亦自谓"橐驼"云。其乡曰丰乐乡，在长安西。驼业种树，凡长安豪家富人为观游及卖果者，皆争迎取养。视驼所种树，或迁徙，无不活，且硕茂，早实以蕃。他植者虽窥伺效慕，莫能如也。（见柳宗元《种树郭橐驼传》）

　　苏轼所写《方山子传》，以及方苞、刘大櫆所写《陈驭虚墓志铭》《樵髯传》，在结构上亦与韩愈、柳宗元所写两篇人物传记大致相同。苏轼开篇对方山子就描述道："方山子，光、黄间隐人也。少时慕朱家、郭解为人，闾里之侠皆宗之。稍壮，折节读书，欲以此驰骋当世，然终不遇。晚乃遁于光、黄间，曰岐亭。庵居蔬食，不与世相闻。"方苞写陈驭虚说："君讳典，字驭虚，京师人。性豪宕，喜声色狗马，为富贵容，而不乐仕宦。少好方，无所不通，而独以治疫为名。"刘大櫆写《樵髯传》亦是直接道来："樵髯翁，姓程氏，名骏，世居桐城县之西鄙。性疏放，无文饰，而多髭须，因自号曰'樵髯'云。少读书聪颖，拔出凡辈。于艺术匠巧嬉游之事，靡不涉猎，然皆不肯穷竟其学。"其人物姓氏，何方人士，何等相貌，性格特征，一目了然，然后围绕人物性格特点逐次行文，以具体的人物故事，体现人物心理特征，总之是以人说事，以事明理，最终透视出为文之警世真言，教化世道人心。

古代传记、墓志铭等，同样是以事实为主，与当今之人物通讯、新闻人物写作多有相通之处。首先他们不能虚构，不能夸大，必须与事实相符，同时又要在事实中彰显人物性格，在人物形象中体现内涵事理，写作上是特别用心，特别用情，特别讲究笔法文采。所以，细读古文大家之作，往往是种享受，那种婉转曲折、起伏有致、构局奇巧的美妙笔法，那种字字含情、言必心出的厚重文字，实在是新闻人物写作的范例。

《史记》虽然在人物传记上多为鸿篇巨制，但同样注重篇章布局，巧设框架结构，无论是帝王将相、英雄豪杰，还是下层各色人等，司马迁都会精妙组织架构，精心运用语言，以丰富多彩的艺术手法，塑造栩栩如生的人物形象。

不说别的，其《陈涉世家》在文章结构和细节描写上，司马迁就运用了看似形散而神聚的妙笔，以陈胜、吴广活动为主线，重点描写号召起义、建国张楚、最后失败几大板块，其主题思想则抓住"苟富贵，无相忘"，进而得富贵真相忘，最后真相忘致使"诸将以其故不亲附，此其所以败也"，既点明起义失败之因，又暗含秦王朝因失民心最终失天下、陈涉等也因失去"亲附"而难逃悲剧的深刻哲理。就当今人物新闻通讯写作来看，如果硬要加上几个小标题，以显示其框架结构的话，顺理成章地就会形成"燕雀安知鸿鹄之志""壮士不死即已，死即举大名耳""涉之为王沉沉者"，三个小标题就是三个框架清晰的三大板块，其结构完全与人物通讯相契合，岂不是新闻写作上最有借鉴意义的范文？

其实，形散而神不散的文章架构，可以是三部分，也可以是多部分，以人物活动历史时期相对较长、所经历事实较多的背景来说，其松散式板块结构，更容易让《史记》作者运笔自如，详略有致，更好地服务于史实发展需要，因而也就成就了我国第一部以人物为中心的伟大历史著作。不论是为帝王将相作传，还是替普通平民写作，因为文章框架搭建得好，故事安放妥帖，细节编排得当，所以就显得特别稳重扎实，其警世化人作用亦更为深刻。

在历史人物写作上，结构为人物而设，太史公既遵循古文法则，又有所创新，完全寻求的是自由流畅的叙事方式，设身处地揣摩每个情节、每个场面，不论文字长短，力求逼真地表达出每个人物的心理特征。《高祖本纪》如此，《项羽本纪》如此，《陈涉世家》亦如此。单说描写中国首次农民大起义领袖的《陈涉世家》，虽然洋洋洒洒数千言，但文章骨骼架构清晰可观，先是遵循古文破题之要，简要勾画人物外貌，接下来是人物性格展示，具体到起义动因、起义发起和各地响应，然后是失败原因，篇末引用贾谊《过秦论》，缜密透彻地细述了秦朝灭亡之因，既有农民起义的震荡，更有朝廷内部的腐朽，最值得肯定的是文章揭示出了第一次农民起义的伟大意义，即"陈胜虽死，其所置遣侯王将相竟亡秦，由涉首事也"。

史家大记者，新闻小史学。记录时代的新闻，更应以人物为轴心，写活时代人物，张扬人物个性，让新闻人物透视出时代报道的历史特征。因此，在新闻人物写作上，学习《史记》及古文笔法，做好文章的间架结构，既是技巧问题，也是塑造人物形象的必要条件，小的人物写作是如此，大的通讯报道更应精心筹谋，细致勾画，一点也马虎不得。

借鉴古文大家写作人物传记的经验，笔者不仅在大的人物通讯如《魂系警徽　心连万家》（见 1997 年 2 月 15 日《人民日报》）架构上煞费苦心，还在采写《古山村的退伍兵》（见 1995 年 3 月 21 日《人民日报》）、《从退伍兵到"钢球大王"》（见 1992 年 9 月 27 日《人民日报》）时，也都是精心架构，精准写作。虽然文章短小，依然十分注重篇章布局，恰似古代人物传记写作一样，大都以简略勾勒加上多层铺排，使得小小人物通讯亦活泼可爱，因而也就登上了《人民日报》要闻版，起到很好的宣传效果。

技巧二：善细节让人物"动"起来

新闻的力量在真实。新闻人物也必须在真实的基础上才能更有感染力。但真实并不等于比葫芦画瓢，而是要经过新闻实践的艰苦再现，是现实生活的孕育，是真实的艺术表达，更是记者的心血结晶。

然而，新闻人物通讯不是从容不迫的文体，不可能像文学作品那样为了渲染不惜笔墨，所写人物通常因篇幅所限，文字都很简短，就是重要典型人物，也不可能洋洋洒洒整上多大篇幅。因此要丰满主题，就得抓最能展示个性化的真实细节，用典型事例和典型语言，让人物

"动"起来。

细节决定成败。细节也决定人物活力。西方写作经典《风格的要素》中这样强调:"最能唤起读者兴趣、引发读者关注的是那些明确、具体、特定的细节。"什么是细节?细节即起关键作用的小事。人物的心理特征、情感世界、处世态度,往往不在他说了什么,而在他做了什么,不仅在他的成败大事,也在他日常生活中的细小情节。一滴水见太阳,一件小事见情怀。所以古代史家,今日文学和新闻大家,写一个人物,往往特别看重细节描述,在细节中展示人物活力。真实典型的细节,就是人物形象的细胞血肉,细节有多生动细致,人物就会有多传神可爱,细节越典型越能突出人物张力。所以说,善于抓具体鲜明的细节,是最具魔力的写作技巧。

采写《百姓心中的丰碑》的记者戴鹏、徐运平是抓细节的高手。细读下来你会发现,整篇作品就是细节构成的立体画,是充满喜怒哀乐的蜡像馆,一个个细节组成一个个人物活动画面,足以生发出强大的艺术感染力和心灵震撼力。

记者戴鹏在撰写体会文章《泪飞最是感人处》中亦说:细节是描绘人物、事件和环境的最小组成单位,如同血肉的细胞。在他们看来,震撼人心、能够流传于世的作品必须借助真实的细节,细节决定人物的热度、作品的亮度。没有真实典型的细节描写,就没有优秀经典的文学艺术品,当然也就不可能有优秀的人物通讯和报告文学作品。

不妨看看他们是如何运用经典细节,让人物"动"起来、"活"起来,让读者眼泪亦随之"飞"起来的?细节多种多样,有事实的、情景的、动作的、语言的、脸部的、身体的、眼神的等。先看典型环境下那一个个生动再现的动作细节——

一位受访者说：

2015 年 5 月的一个局长接待日，我到市公安局去申诉。那天的情景我到死都忘不了。任局长拉着我的手，问我啥事儿。我把告状材料递给她，她看了材料后，轻轻地摸了一遍我头上那块去掉颅骨仅剩头皮包着的软坑，她惊讶地说了声"咦！咋打成这样！"她的泪一下流了下来，双手扶住我的肩问："人呢？"我说"跑了"。任局长说："你放心，跑到天涯海角我们也要把他抓回来！"

"拉着我的手""轻轻地摸了一遍我头上那块去掉颅骨仅剩头皮包着的软坑""双手扶住我的肩问"，这一"拉"，一"摸"，一"扶"，几个显示人物动作的词语，多亲切，多温柔，多贴心，一个又一个动作，就是一个又一个饱含真情的细节，毫不矫揉造作，足以催人泪下，融化人心。

老百姓最服这样的"好官"，而"好官"是用细节刻画出来的。可以看出，每个细微的动作，都是最扣动人心的行为细节，记者采访中抓住了，又精心地编织在文章之中，那种和百姓水乳交融的感人形象，岂不真切鲜活地动起来了？

通讯接着写道："当时在场的 100 多个告状的乡亲中许多人都哭出了声。""任局长的心与咱老百姓的心贴得这么近，对咱这么亲！她也不嫌弃俺农村妇女蓬头垢面身上脏，在我头上摸了一遍又一遍。你知道，就这一摸，把俺的心都摸暖啦！"

一个细节胜过一大段最动情的陈述，一个又一个细节就能展现最真实的人物形象。老百姓能感受到，读者自然也会感受到。英雄以行动感动人心，记者也以动人的细微情节感染读者。

像这样的细节在《百姓心中的丰碑》里比比皆是。

你看，还有"一包药"的情景细节，读起来也是特别地扎心：

在回放 4 月 17 日任长霞葬礼的录像资料中，一幅写有"痛悼亲人任长霞"，落款为"上访老户"的巨幅挽幛格外引人注意，一头挂着的那包药来回晃动，尤为显眼。"来路短，去路长啊！长霞闺女为我们落下了一身毛病，带上点儿药也好御个风寒，免灾祛病。"老上访户张生林未语泪流，泣不成声。

细节的背后是更为感人的故事，记者对此做了详细交代：作为村民代表，张生林向上级反映村里财务混乱问题，受到报复，被打成重伤，颅骨至今塌陷。由于案子长期得不到处理，无奈之下，他常年上访，历尽艰辛。然而，在任长霞任期上，对他的申诉，极为重视，很快使案情获得重大突破。就在任长霞牺牲前的 4 月 12 日晚，他应约来到任长霞的办公室，向她汇报一名打人凶手潜逃回村的重要线索。当任长霞得知张生林连小病都没钱看时，抓起电话就向市民政局长"说情"求援，为他申请救济。接着，她又把自己的常用药给张生林老汉挑了一大包，并约定 15 日她从郑州开会回来再说案情，弄准了立即抓人。"可在 4 月 14 日她就走了，走时啥也没带……"送行那天，张生林约了另外 6 位"上访老户"凑钱为任长霞做了挽幛，早早地来到了她的灵柩前。

这样的细节是不是非常难得，这样的故事是不是非常难得？越是难得的细节、难得的故事，越是要写活写细。记者细节抓得好，笔法也好,简洁而不失细腻,求实而不显得生硬,真正是抓住了细节,又写好了故事。特别值得提醒的是,这个细节不是别人叙述的,不是第二手材料,而是从"回放4月17日任长霞葬礼的录像资料中"得到,又进一步深入挖掘而得的,那就比别人叙述更为真实可感,更能打动人心。而且背景故事的交代,更加提升了人物通讯细节的感染力,要知道,有些干部对上访户唯恐避之不及,任长霞却每次见他们都问寒问暖,多有体恤,前两天给这位"上访老户"张老汉的药还没吃完,任长霞就突然牺牲了,他反过来要为她"送药",为她送行,如此情景怎能不令人潸然落泪?

令读者唏嘘的还有"穿袜子"细节。记者一波三折地描写了这个细节:一场突如其来的煤矿瓦斯爆炸事故,让初一女生刘春雨失去了父亲,两年前就失去了母亲的她成了一名孤儿。任长霞在处理这起事故中得知这一情况后,眼含热泪拉过小春雨的手:"孩子,从今后你就是我的亲闺女!"自此,连自己儿子都没时间照料的任长霞,独自承担了小春雨生活和学习的全部费用。背景交代之后,接着又是一个感人的故事细节:

2002年深秋的一天,任妈妈到我家来看我,给我带来一双运动鞋和一件粉红色的棉袄。她蹲在地上给我穿鞋,见我的袜子破了一个窟窿,就说:"这咋穿哪,给你点儿钱去买双新的。"我的眼泪唰一下掉了下来,要不是当时旁边站着别人,我真想搂住她亲她一口,叫一声"妈妈"。

按当地的习俗,披麻戴孝摔老盆,是亲生长子为父母送葬时才能行的最重的大孝礼仪,可在5月17日送别任妈妈那天,小春雨披麻戴孝，在任长霞的遗体旁长跪不起，哭成泪人。她告诉记者："当时我真想把躺在那里的任妈妈拉出来。要不，她会被灵车拉走，再也见不到了。"

在真切感人的叙述之后，记者接着感慨地抒情道：怀有这种感情的又何止一个小春雨？记者抒发感情之后是要引入更大的新闻空间，更有社会意义的天地，更有新闻价值的感人事实，即 2002 年 1 月，任长霞为了使更多的孩子得到救助，向民警发出倡议，在全局开展了"百名民警救助百名贫困学生"的活动。全市有 126 名贫困学生得到了干警们的救助，重返校园。这也就让人物形象在更广大的背景下，彰显得更为厚重而丰满。

当然，还有"女人泪窝浅""无法捎走的手机""任局长埋在哪儿啦，我要去上上坟"等催人泪下的一个又一个充满柔情、亲情、真情且打动人心的故事细节。还有"痛失战友"、任长霞曾经的搭档、副局长，这位剽悍的铁汉子，说起任长霞的感人往事，叙到动情处，一时哽咽无语，"硬是半分钟没说话，生生把将要流出的泪水憋了回去"。此处一个"憋"字，其情景细节真切还原，时空凝滞，令人何等凄然动容。

正是这样一个个典型细节，让百姓心中的人物丰碑高高耸立。

正是这样一个个典型细节，让任长霞活在百姓心中，也活在了读者心中。

《魂系警徽　心连万家》同样充满着感人细节：

比如，通讯写道："人们发现，无论谁来办事，李素珍都会热情接待，倒茶让座，然后说声'请稍微等等'。"然后引出她内心独白，与小标题相呼应，再进一步引申描述，说看着她和蔼的面容，听着她那细声慢语，才有了老百姓由衷的赞叹，同样在小标题里点拨出来。这就让人物通讯变得柔情似水般耐读，而不是像一般先进人物描写，材料生硬干瘪。

此部分在简要叙述后就引出了具体细节，通讯写道：

> 1993年春，李素珍刚接手户政内勤，常青派出所因为拆迁重建，暂时搬到离城区远的地方，群众来办户口相对难了，来回一趟几公里，群众急，李素珍更急。"怎样才能让老百姓少跑冤枉路呢？"不久，她向所长建议，请辖区各单位、各村聘一名户口专管员，加以培训后，由他们收集户口，集中来办。从此，一宗又一宗要办的户口集中到了李素珍桌上，群众少跑路了，她却忙得头也抬不起来。

其实，要说细节这还不够细，真正的细节是一个情节的完整表现而不是陈述。上面这一段虽然不乏表现，但陈述多于表现。托尔斯泰在解释自己的名著《战争与和平》时说："我不去陈述，不去解释。我只是去表现，让我的主人公替我说话。"在作家看来，表现就是再现当时的情景，这样表现才能给人身临其境的感受。高明的作家总是让主人公的语言和行动做到这一点。记者也要学习作家的表现技巧，即"要再现它，不要去叙述它"。当然，新闻作品总体是写实为主，追求的是准确、鲜明、生动而又具体，那么陈述与表现巧妙结合的方式最可取。所以在此段陈述性表现之后，笔者特地着意来了段情景再现式的细节描写：

> 一年后，常青派出所搬进新楼。一天上班，李素珍见一位老太太手扶栏杆，一步一停地好不辛苦，就急忙上前搀扶。老人开玩笑说："办个户口，当真要登天呀！"李素珍听了好不内疚，立即帮老人办妥，又搀扶着她慢慢走下去，还诚恳地说："老人家，以后再来办事，就请楼下值班人员打个电话，我下来取了给您办。"隔不了几天，一楼门道里就多了一张桌子、几把椅子，"老弱病残服务台"成了常青派出所便民一景。

这样的细节具体而生动，确实能够给读者身临其境的感受，这就是笔者现场采访感受得来的具体情景，多少年后，当时采访的情景还如在眼前。那是个从一楼靠西墙直通二楼的楼梯，笔者为了寻找感受，亲自爬了一下，因为场地逼仄，派出所的这个楼梯成了不拐弯的直道，显得又陡又高，年轻人还好些，年龄稍大点，还真的会腿肚子打战。所以笔者的描写就特别有现场感，突出了再现技巧的魅力。接下来，笔者又带有总述性地来了几句感慨，说户政内勤琐碎枯燥，但又是党和政府联系人民群众的重要窗口。李素珍的"窗口"前，每天都"阳光明媚"，她把无限的温馨送给了老百姓。这样突出具体细节再现，又不失总体概述，两方面巧妙结合，才能让人物有血有肉有思想地跃动起来，通过总体和细节再现而活跃在新闻作品和读者心里。

公安民警是执法公正的化身，能否立得正、站得稳，真正是检验公安民警自身硬不硬的试金石。在采写公安一级英模李素珍时，这一点必须要用具体而生动的事例表现好、揭示好。李素珍是户籍民警，在户籍制度没有改革之前，城乡户籍有着天壤之别。可以说，一旦转为城市户口，就会享有就业、就学、就医种种福利待遇，那是持有农村户口者所望尘莫及的。因而，有些人为了"农转非"，由农村人变成城里人，一辈子能吃上商品粮，会托人"走后门"，钻窟窿打洞在户籍上做文章。常青派出所属城郊接合部，因征地而转为城市户口的事常有。在一些人眼里，户籍警真正是个大美差，抬抬手，给人方便，钱也有了，物也有了。但李素珍不是这样，她是个对正经事热、对歪门邪道冷的人。为了凸显李素珍坚持原则，秉公办事，笔者在她办理"农转非"户籍中力拒"走后门"的细节里，不厌其详地做了描述，当然还有她"一瘸一拐"带伤侦破案件的细节等，由此再现她铁面无私的一面。

但作为女性，李素珍与任长霞一样，有着女人的天性，同样是天性的慈悲，慈悲的纯真，映照着一位公安民警的博大情怀。笔者在这方面，也是不惜笔墨，尽情渲染再现，其中守护"出走中学生"的细节描写尤为细致入微：

前年盛夏的一天，一个初中生从舒城出走来到合肥，被送到派出所。李素珍见她浑身脏兮兮的，就弄来水给她擦身洗澡，安排了吃住。白天让她陪在身边练字看报，晚上讲道理开导她。终于问到她舅舅的电话，说好了让舅舅接她回家。第二天一大早，董军所长送这位姑娘到车站，可她前后左右看看，说啥也不走了，吵着一定要再见见李阿姨。李素珍一到，女孩子扑过去，抱住李素珍大哭起来："李阿姨，我不想走，我就跟着你！"李素珍捧着孩子的脸说："你还小，还要上学，回去吧，爸爸妈妈还等着你呢！"她拉女孩到一边，给了一包书籍和本子，又悄悄塞给孩子一些钱，要女孩常写信打电话，报告学习成绩。

公安局长任长霞的高大形象是靠一个又一个细节再现，而活跃灵动起来；普通民警李素珍的朴实形象，也是靠一个又一个细节再现，而"动"起来，活起来。这一大段描述中就含有诸多细节，特别是情景再现中的"女孩子扑过去，抱住……大哭"，李素珍"捧着孩子的脸"，"扑""抱""捧"，等等，接连的动作细节中透着情，透着爱。一位普通民警的柔情蜜意岂不跃然纸上了？一个细节胜过一打大道理。一个又一个细节能让人物成为读者心目中最可爱的人。费伟伟在其著作《典型人物采访与写作》中说："如果说主题是灵魂，情节是骨骼，那么，细节就是血肉。尤其在人物通讯中，细节是展示人物风采、凸显人物内心、使人物性格高度典型化、增强文章艺术感染力的基本要素。细节使报道生动、真切，细节最能触动读者的感官，使读者如身临其境，亲历其事。"细节深藏在生活事实之中，必须靠记者细致入微地挖掘采访才能得到；细节通过记者的深切感悟，又必须靠情景再现式的真切描写才能体现。所以，发现细节靠脚力，写好细节靠笔力，真正塑造好新闻人物还要靠记者的综合能力，唯有真正用心用情抓好细节，写好细节，写得越细，就越感人，就越能让新闻人物"动"起来。

说起善抓细节让人物"动"起来，韩愈、柳宗元、苏轼以及"桐城三祖"等古文大家更是妙手，在他们的笔下，一个动作，一个嬉笑，一句短语，都会充满动感，在精细微妙的行为活动情节中，尽显人物风采，使之如在目前：

"圬之为技，贱且劳者"，但"有业之，其色若自得者。听其言，约而尽"。这"色若自得"就是典型的细节描写，不自卑，不攀比，安于现状，悠然自得，其面部表情才会表现出心安理得的样子。韩愈所著《圬者王承福传》，写得何等切入人心。虽然看似一篇人物传记，实际上是借传主之口叙述一位身份低贱小人物的人生，在作者做了些简要概述之后，就是传主自己在说故事，其间有思想认识，亦有细节描写，可谓非常具体而传神。传主所从事的泥瓦匠行业再普通不过了，在别人看来简直是低下的，而在他自己看来并非如此，他认为：

> 人不可遍为，宜乎各致其能以相生也。故君者，理我所以生者也，而百官者，承君之化者也。任有大小，惟其所能，若器皿焉。食焉而怠其事，必有天殃，故吾不敢一日舍镘以嬉。夫镘易能，可力焉，又诚有功，取其直虽劳无愧，吾心安焉。夫力易强而有功也，心难强而有智也。用力者使于人，用心者使人，亦其宜也。吾特择其易而为无愧者取焉。

这一段话是传主的话，也代表了他的人生观，在王承福看来，人们不可能样样都亲手去制造，最合适的做法是各人尽自己的能力，以相互协作求得生存。他还认为，统治者的责任是治理国家，教化百姓，"理（治理）我所以生（存）者也"；"百官者（其他官员）承君之化者（按照上边精神教化百姓）"，责任有大有小，只有各尽自己的能力去做，就像器皿各有各的用途一样。假如光吃饭不做事，一定会有天降的灾祸。所以他一天也不敢丢下他的泥镘子去游玩嬉戏。粉刷墙壁是比较容易掌握的技能，可尽力做好，又确实可以看到成效，同时，还能体现劳动价值，获得应有报酬，虽然辛苦，却问心无愧，因此他心里十分安然。尽些体力就能立见功效，脑子却难以勉强使它获得聪明。这就说明一个道理，干体力活的人被人役使，用脑力的人役使人。他只是选择此种容易做到而又问心无愧的活来取得报酬哩！

这是夹叙夹议式的人物传记，议论是必不可少的，如同新闻人物描写，关键处来几句议论，有利于提升主题，突出作品思想性。但要写活人物，细节是万万不可少的，不光不能少而且要特别写好写细。韩愈在议论之后就将笔力用到了细节之上，不过不是作者自己去描写再现，而是如同议论是出自传主之口一样，其细节也是通过传主之口来体现的：

嘻！吾操镘以入富贵之家有年矣。有一至者焉，又往过之，则为墟矣。有再至、三至者焉，而往过之，则为墟矣。问之其邻，或曰：噫！刑戮也。或曰：身既死而其子孙不能有也。或曰：死而归之官也。吾以是观之，非所谓食焉怠其事而得天殃者邪？非强心以智而不足、不择其才之称否而冒之者邪？非多行可愧、知其不可而强为之者邪？将富贵难守、薄功而厚飨之者邪？抑丰悴有时、一去一来而不可常者邪？吾之心悯焉，是故择其力之可能者行焉。

不难看出，开头几句话就活灵活现地道出了传主所看到的具体细节，而且又生动地讲述出来，无不是以细节取胜，在读者面前再现出了当时的场景，因此才引出了极大的惊奇和感慨："嗨！我拿着泥镘子到富贵人家干活有很多年了。有的人家我只去过一次，再从那里经过时，华贵房屋已经成为废墟；有的富足人家我曾去过两次、三次，后来再经过那里时，发现也成了废墟。向那些人家的邻居打听，有的说：唉！他们家主人被判刑杀掉了。有的说：原主人已经死了，他们的子孙不能守住遗产。也有的说：人死了，财产都被没收了。在讲述了一个又一个情景细节之后，传主不由得又来了一段议论："我依这些情况来看，难道不正是光吃饭不做事而遭到了天降之灾吗？不正是勉强自己去干才智达不到的事，不选择与才能相称的行当却硬要充居高位的结果吗？不正是做多了亏心事，明知不行又强求而为之的结果吗？也可能是富贵难以保住，少贡献却多享受过高酬劳的结果吧！也许是富贵贫贱都有一定的时运，一来一去，不能经常保有吧？我心里忧悯这些人的下场，也从他们那里参透了世事无常，所以选择力所能及的事情去干。"

由细节而再现场景，由场景而引发议论，如同电影镜头一样将现实场景呈现在读者面前，那种眼见为实的震撼，亲历其中的感慨，油然而生的议论，对于人物形象塑造而言，真正是达到了自然天成的效果。因而《古文观止》赞曰："前略叙一段，后略断数语，中间都是借他自家说话。点成无限烟波，机局绝高，而规世之意，已极切至。"也正是如此注重细节描写，注重情景再现，加上恰到好处的议论，就使一个不自卑自贱而又挺有头脑的小人物顿然活跃起来，不仅"色若自得"，而且话语"约而尽"，知足而乐，精明干练，可爱至极。

而在柳宗元的笔下，种树的郭橐驼更是可怜见儿，虽然因"病瘘（患了脊背弯曲病）"，"故乡人号之'驼'"，但"驼闻之曰：'甚善，名我固当。'因舍其名，亦自谓'橐驼'云"。看看，不因遭贬而发怒，反而自嘲说"名我固当"，小人物的洒脱豁达，一下跃然纸上，如同普通百姓虽处乡间里巷，但笑对人生百态，时时事事透视着机巧的处世智慧，而文中又极翔实地描绘出一个个细节，表现着橐驼种树的亦是处世的哲理：

> 有问之，对曰："橐驼非能使木寿且孳也，能顺木之天，以致其性焉尔。凡植木之性，其本欲舒，其培欲平，其土欲故，其筑欲密。既然已，勿动勿虑，去不复顾。其莳也若子，其置也若弃，则其天者全而其性得矣。故吾不害其长而已，非有能硕茂之也，不抑耗其实而已，非有能早而蕃之也。他植者则不然，根拳而土易，其培之也，若不过焉则不及。苟有能反是者，则又爱之太殷，忧之太勤，旦视而暮抚，已去而复顾，甚者爪其肤以验其生枯，摇其本以观其疏密，而木之性日以离矣。虽曰爱之，其实害之；虽曰忧之，其实仇之：故不我若也。吾又何能为哉！"

有人问他种树的诀窍，他回答说："我郭橐驼不是能够使树木活得长久而且长得很快，只不过能够顺应树木的自然天性和自身习性罢了。但凡种树的方法，它的树根要舒展，培土要平匀，根下的土取原来培育树苗的老土，捣土要结实。树种好了就不要再动它，不必再忧虑它，也不要再多眷顾。栽种时要像对待子女一样细心，栽好后要像弃置一样不去多管理，那么树木的天性就能够得以保全，它的习性也能够实现。"

请看，这一连串的种树动作，岂不就是一连串的行为细节，看上去形象具体而又生动，读后是不是真的就像在跟着橐驼学植树呢？一段详细的描述之后，他得出一个结论：所以我只不过不妨碍它的生长罢了，并不是有能使它长得高大茂盛的办法；只不过不抑制、减少它的结果罢了，也并不是有能使它果实结得早又多的办法。

接下来，橐驼又以别的种树人不理性的做法来反衬自己的可取之处。那同样是一连串的行为细节描述："且看那些人种树时，树根拳曲又换了生土；培土的时候，不是过多就是过少。还有的则又太过于怜惜，树种上了担心得太过分，早晨去看看，晚上又去摸摸，已经离开了，又回头去看看。更严重的是，有的人甚至用指甲划破树皮观察它是活着还是枯死了，摇晃树根来看它是否栽结实了，如此一来，树木的天性和习性就一天天失去了。看上去是喜爱它们，实际是害了它们，说是担心它们，实际是仇视它们。所以那些种树人都不如我。其实我又有什么特殊能耐呢！"看看，"他植者"的行为举动，完全是通过一个个细微枝节，表现得又可怜又好笑，"旦视而暮抚，已去而复顾，甚者爪其肤以验其生枯，摇其本以观其疏密"，"旦视""暮抚""去而复顾"，更有甚者，还"爪其肤以验其生枯""摇其本以观其疏密"，这一"去而复顾"，又"爪"又"摇"的种种细节，多么让人哑然失笑，恰似自己所为一样。虽然橐驼意欲引申出"虽曰爱之，其实害之；虽曰忧之，其实仇之"的种树道理，进而讽刺为政者"好烦其令"、民"不得暇"，以致"病且怠"的治世弊端，但用细节写活人物，让人物动起来，在动态中透视事理，这种鲜活的为文之法，实在是当今新闻工作者所应该好好学习借鉴的。

不独韩、柳，苏轼笔下的方山子也是了得，他不仅创新了人物传记的传统写法，不像韩、柳等古文人物传记那样，开篇处必平铺直叙式地介绍人物姓氏、籍贯、生卒年月、家世、性格特点等，而着力选取人物活动的几组极具个性的特写镜头，几个表现人物风采的生活侧面，几个活泼可见的生动细节，通过惟妙惟肖地刻画描摹，就使人物形象活生生地展现出来：

> 余谪居于黄，过岐亭，适见焉。曰："呜呼！此吾故人陈慥季常也。何为而在此？"方山子亦矍然，问余所以至此者。余告之故。俯而不答，仰而笑，呼余宿其家。环堵萧然，而妻子奴婢皆有自得之意。余既耸然异之。

苏轼谪官黄州，于偶然之中，路遇方山子。原来方山子是作者的旧识挚友，名陈慥，字季常。老友异地相遇，自然各道所以。苏轼仅用了一个细节"方山子亦矍然"，就给了读者一个生动画面。接下来又是几个细小情节，则充分衬托出方山子的隐士风采。老友相遇，无话不谈，最想说的，恐怕就是自己突然遇到的不幸遭遇，当"余告之故"，哪想到方山子只是"俯而不答，仰而笑"。短短七个字，就是一个极为感人的特写镜头，使方山子的音容笑貌宛然在目，可谓妙笔生辉，韵味无穷。想想看，一个官场得意却骤然失意者，一个"世有勋阀"，"当得官"，能"显闻"，却看破尘世顿然隐去者，那有着先见之明的方山子看到苏轼下场，自然庆幸自己远离尘嚣、隐逸不仕的快意，因而"仰而笑""俯而不答"。"答"而一言难尽，"不答"则"此时无声胜有声"，两相比较，显然后者的艺术效果更高一筹。然后又一个动作行为，"仰而笑"，三字之中，内涵更为五味杂陈。笑自己，笑老友，更笑官场乱世，骨子里却是对北宋政权的极度不满和信心尽失。此时的一"俯"一"仰"行为细节，饱含着极大的苦涩和无奈，作者就是这样，不着一语，不吱一声，却在俯、仰之动作情景中，巧妙地描绘出一位游侠隐士放荡冷峻的惨淡音容。

此处的一"俯"一"仰"，似乎可以与《百姓心中的丰碑》诸多细节相比拟，特别是那个"剽悍的铁血汉子硬是半分钟没说话，生生把将要流出的泪水憋了回去"，这个"憋"字就有着那种"俯而不答""仰而笑"的无语自明的奇妙效果。两种细节，两种情景，虽然背景不同，内涵迥异，而且彼此又相隔千年以上，但对塑造人物形象而言，如何用细节写出情感力度，却有着异曲同工之妙。

待到"呼余宿其家"，见到方山子家"环堵萧然，而妻子奴婢皆有自得之意"，作者与方山子起先"矍然"一样，"余既耸然异之"，而这个"耸然"，则是在强烈的对比中，很自然地勾起了对方山子当年倜傥风流时光的回忆。作者也是使用以少胜多的细节描写，着意刻画方山子往日的英雄气概，以反叙的手法，精心选择了19年前亲眼所见、亲身经历的故事情节加以证明：

> 独念方山子少时，使酒好剑，用财如粪土。前十九年，余在岐山，见方山子从两骑，挟二矢，游西山。鹊起于前，使骑逐而射之，不获；方山子怒马独出，一发得之。因与余马上论用兵及古今成败，自谓一时豪士。今几日耳，精悍之色犹见于眉间，而岂山中之人哉？

触景生情，如同电影《八佰》中小湖北经常幻想哥哥端午，就是骑在白马上的赵子龙一样，苏轼想到方山子少时使酒好剑，精于骑射，武艺高强。一次游猎，"见方山子从两骑，挟二矢"，突然"鹊起于前，使骑逐而射之，不获"，此时，方山子"怒马独出，一发得之"，其神其态，何等豪纵，这样一个细节，一个特写镜头，以"使骑逐而射之，不获"对比"方山子怒马独出，一发得之"，表现了方山子"气盖世"的英雄本色。然而，正是这样一位"欲以此驰骋当世"的英雄，竟然落得沉沦于穷乡僻壤，终老于山谷林泉之中。难怪苏轼要无限感慨："今几日耳，精悍之色犹见于眉间，而岂山中之人哉？"如今所见的方山子岂不判若两人吗？这让人想到《八佰》中的精神图腾赵云，白马、白袍、银枪，面对铺天盖地而来的敌军，孤身杀进重围，一身是胆，毫无畏惧，何等英勇无畏。这是小湖北眼前幻化出的场景，也是方山子当年的神态气象，可见细节突出的情景再现，是多么打动人心，更是新闻写作在细节追求上的好样板。

追随唐宋八大家而崛起的桐城古文派，不仅在文以载道上同轨同辙，而且在写作技巧上无不是尽善尽美，特别是在细节描摹上，更有独到之处。且看方苞、刘大櫆、姚鼐作为"桐城三祖"，往往口授之，文范之，亦因事传人，以简笔勾画，以细节传神，略略勾勒，便心到手到，入骨入髓，只些微细节，就"活"了人物，亮了文章。

予尝造君，见诸势家敦迫之使麇至。使者稽首阶下，君伏几呻吟，固却之。退而嘻曰："若生有害于人，死有益于人，吾何视为？"君与贵人交，必狎侮，出嫚语相訾謷，诸公意不堪，然独良其方，无可如何。余得交于君，因大理高公。公亲疾，召君，不时至；独余召之，夕闻未尝至以朝也。（方苞《陈驭虚墓志铭》）

少读书，聪颖拔出凡辈，于艺术匠巧嬉游之事，靡不涉猎，然皆不肯穷竟其学，曰："吾以自娱而已。"尤嗜弈棋，常与里人弈。翁不任苦思，里人或注局凝神，翁辄颦颥（蹙）曰："我等岂真知弈者？聊用为戏耳！乃复效小儿辈，强为解事！"时时为人治病，亦不用以为意。诸富家尝与往来者，病作，欲得翁诊视，使僮奴候之。翁方据棋局，哓哓然，竟不往也。（刘大櫆《樵髯传》）

想那陈驭虚，何等奇人，在方苞看来，此人"性豪宕，喜声色狗马，为富贵容，而不乐仕宦"，却独与方苞意气相投，视为故交挚友。方苞在文中交代，陈驭虚从年轻时就喜研治病偏方，久而久之，无所不通，而又以治疫出名。他有着民间行医者的独特秘方，染疫者听说陈驭虚前来诊视，就会欣喜若狂，"自庆不死"。然而，陈驭虚"不乐仕宦"，不仅不乐，而且极其厌恶官宦人家，上述引文可以看出，当方苞有时造访陈驭虚时，就会见到许多权势之家，紧迫地指派下人前来请医，大群官宦使者"稽首阶下"，跪拜叩求，其场面足以显示出名医声望。然而，陈驭虚却不予理睬，不仅不同情，反而表现出极大的厌弃。在这里，方苞简笔描画，以传神细节，再现当时场景："君伏几呻吟，固却之"。他趴在医案上装病，还发出呻吟声，坚决地推辞官宦之请。但是，一转脸，他回到内室，又嘻嘻嘲笑说："若生有害于人，死有益于人，吾何视为？"那些官宦活着害死人，死了反而对人有益，我何必去给他们治病？这"伏几呻吟""退而嘻曰"，是何等顽劣，又何等可爱，与方苞所看到的"诸势家敦迫之使麇至，使者稽首阶下"画面是不是形成了强烈对比，这等细节描写，真切的如在目前，极为生动引人。就是这样一位性情怪诞之人，却对普通人不摆架子，不使脾气，特别是方苞召之，"夕闻未尝至以朝也"，傍晚得到召唤，从未到第二天早上才去。即使是方苞仆人不幸染疾，也是立刻诊视，"命市冰以大罂贮之，使纵饮，须臾尽；及夕，和药下之，汗雨注，遂愈"。这种爱憎分明、饱有百姓情怀的品性，与《百姓心中的丰碑》所描写的"一包药"的故事，一样对比强烈，一样场景鲜活。虽然时代不同了，方苞笔下的民间名医，与百姓心中的好官，也不能同日而语，但方苞的细节描写，对不事权势的名医刻画，却有着神来之笔的妙用。方苞写陈驭虚"与贵人交，必狎侮，出嫚语相訾謷"，即对权势者轻侮戏谑，以不屑之语相耍弄，令"诸公意不堪"，然而他又"独良其方"，让权势们"无可如何"，更显奇人之奇。

方苞的《陈驭虚墓志铭》，其实就是篇精彩的人物传记，用现在的话说，即新闻人物作品。方苞用简洁的笔墨，勾画了一位奇人形象，医术高明，却蔑视权贵，不给权贵治病，不与他们结交，以至于权贵们想驾驭他，"当以官为维娄，可时呼而至也。因使太医院檄取为医士"。古汉语中，系马曰"维"，系牛曰"娄"。"以官为维娄"，意即以御医之位相束缚，使之不得自由，即可任意役使。然而生性"豪宕"的陈驭虚，根本不吃那一套，反而以死相回应，"君遂称疾笃，饮酒近女，数月竟死"。图谋让他做医官，他却称病折磨自己而死。文章既刻画了陈驭虚反抗权贵的鲜明人物形象，又深刻地反映了当时制度腐败，环境污染，疾疫流行的社会现实。可贵的是，这篇墓志铭因事传人，简笔勾画，情景还原，不但事实真切，而且形象生动，堪称艺术佳品，实在是新闻写作上的范例。

那刘大櫆笔下的樵髯，虽不似方苞所写陈驭虚那么医术高明，而且也不似陈驭虚那样嫉恶如仇，性情豪迈，"好声色犬马"，即喜好歌舞女色，但正是通过刘大櫆精彩描述，情景再现，也让一个不为职事所累、贪玩好乐、任性自为的形象再现纸上。且看，这樵髯也同泥瓦匠王承福、种树人郭橐驼、隐逸之士方山子，以及好声色犬马的陈驭虚一样，"聪颖拔出凡辈"，都是自幼绝顶聪慧，出类拔萃，别有趣事。所不同的是，樵髯"于艺术匠巧嬉游之事，靡不涉猎，然皆不肯穷竟其学，曰：'吾以自娱而已。'"接下来，刘大櫆重点描写人物"尤嗜弈棋，常与里人弈"之事，以具体事实体现人物"不肯穷竟其学"大大咧咧的非常品性。当与里人（邻里之人）下棋时，刘大櫆抓住了这样一个细节，简洁勾画道："里人或注局凝神，翁辄颦顣（蹙）曰：'我等岂真知弈者？聊用为戏耳。乃复效小儿辈，强为解事！'"想想看，刘大櫆所描写的情景多么生鲜灵动啊，邻人下棋时稍一用心凝视棋局，做费神思考状，那樵髯便不高兴地皱起眉头说：咱们难道真正懂得下棋吗？不过姑且把它当作游戏罢了。只是仿效小孩子那样，勉强懂点下棋的技艺！这种只求为乐、不求其精的情态，其实也是樵髯的人生状态："时时为人治病，亦不用以为意"。特别是"诸富家尝与往来者，病作，欲得翁诊视，使僮奴候之。翁方据棋局，哓哓然，竟不往也"。他偶尔为人治病，也不很在意。一些富家曾经与之交往的人，有病了，希望他能尽快为其治病，急派僮奴等候。翁正为棋局而争吵，竟然不去（为其治病）。注意，这"据棋局，哓哓然，竟不往"，一个"哓哓然"何等逼真，对于权贵们的轻蔑，也尽在言行细节之间，无不闪现出人物虽桀骜不驯，却品格清高，性情洒脱，贪玩好乐，又处处不与权贵相亲昵的民间良医形象。

不难看出，刘大櫆的这篇传记文学作品，继承了先秦、汉唐传记文学的特点，与唐宋八大家一脉相承，同时又富于桐城派的独特写作风格。他通过简笔描画，抓住细节特点，集中表现了樵髯翁的狂逸之态、高洁之志，赞扬了他善医而又不为富家效劳的品格。在简略交代人物"性疏放，无文饰，而多髭须，因自号曰'樵髯'云"之后，就重点写出了樵髯翁的三件事。一是"于艺术匠巧嬉游之事，靡不涉猎"，而目的只是"吾以自娱而已"。二是"尤嗜弈棋"，喜爱下棋，却不专心，同样"聊用为戏耳"。三是善医，"时时为人治病，亦不用以为意"。特别不肯为富家治病，"诸富家尝与往来者，病作，欲得翁诊视"，他故意借口争辩棋局，看似难分胜负，其意却是"竟不往也"。此三件事，选材新颖，叙述清晰，描写生动，虽文词简略，但由于抓住了"与里人弈""使僮奴候之""据棋局，哓哓然"几个细微情节，重现了当时情景，因而读起来并不显单薄，反而更觉活灵活现，从而深刻地展现了樵髯翁为人处世的性格特征。这种注重细节，生动再现的写作方法，完全继承了古代传记文学的刻画技巧，也为新闻作品写实更要写细，在细节描写中让人物动起来，提供了精妙范文。难怪其弟子姚鼐盛赞曰："写出村野之态，如在目前，而文之高情远韵，自见于笔墨蹊径之外。"

可以说，无论是古代如唐宋八大家，还是桐城古文派，以及现当代经典文学和新闻作品，在人物传记和新闻人物写作中，为了让人物灵动起来，丰满起来，无不是在细节上下功夫，以细节描写取胜，达到引人入胜的境界。为此，费伟伟在剖析《百姓心中的丰碑》运用具体生动细节，成功塑造人物形象后，特别提出了用细节写出情感力度的观点，他说："要写出成功报道，记者一定要成为善于抓细节的高手，但抓住了好的细节，还要善于写细，巧妙强化，尤其对那种在报道中具有画龙点睛意义的细节，如任长霞轻轻地、一遍一遍抚摸上访者头部的细节。这样的细节写得越细，就越感人，情感冲击力就越强。"抓住细节靠采访功力，善于写细靠发挥笔力，采和写两方面功夫下到位了，才能让细节融化于笔墨之中，用到人物鲜活生动的描写上。

抓得细，还要写细，在细节中让人物活起来，动起来，泥瓦匠王承福、种树人郭橐驼是这样，奇人陈驭虚、大胡子樵髯是这样，公安局长任长霞，以及笔者所写普通户籍民警李素珍也是这样。可以说，遍读古今佳作，回味实践体悟，细节动人，细节活人，甚以为然。

技巧三：好语言让人物"响"起来

如果说结构是人物的骨骼，细节是人物的血肉，那么语言则是人物的声响。刘勰《文心雕龙》曰："事义为骨髓""宫商为声气"。这"事义"即是组成结构的材料，"宫商"即是表现人物的语言声响。让人物"动"起来、"站"起来，还要让人物通过语言"响"起来。

有人说，语言是有声响和色彩的。穆青在《谈谈人物通讯采写中的几个问题》一文中也说："有时也要借用语言的音响和色彩来加深效果。"

语言的抑扬顿挫，如同五线谱上的音符，读起来会形成优美的声响效果。刘大櫆、姚鼐特别强调语言的韵律声响。刘大櫆《论文偶记》说："文章最要气盛"，而"神气不可见，于音节见之"，音节就是文字的声响，"歌而咏之，神气出矣"。姚鼐对此更是推崇备至，有所发挥，他于《古文辞类纂》序中将文体分为十三类，并提出为文"八要"，即"神、理、气、味、格、律、声、色"，其"格、律、声、色"就是语言的声响色彩。在他们看来，唯有声色音响、旋律节奏俱佳，才能更好地体现人物之精气神。

因此，如何让人物有声有色，在新闻采写中，要从平凡中见到深刻，在沉静中见到热烈，用好有声音的语言文字，显得特别重要。可以说，如何使用好新闻语言文字，既是一门技法，也是一门科学。

在新闻人物写作上，要创造语言的音响效果，有几方面的语言需要格外关注。

一是描述性语言，二是人物对话和引语。

先说说描述性语言。

描述性语言是新闻报道中必不可少的。无论是消息、通讯、纪事，还是其他报道形式。描述性语言的突出特点是概括性，概括的目的是交代概貌，即总体情况，给人以总体感和全面性。但概括性语言不能失于生动，不能流于工作总结性语言的死板、僵化、生硬。不能因为概括而忘记了新闻语言的生动性。文件式的官话、大话、套话、老话，就是用在新闻概括上也是行不通的。所以，即便是概括性的东西，也要用描述性语言去表现。在这里，要特别强调，描述与叙述不同，描述是情景再现，叙述是平铺直叙，在语言情景上有着根本性不同，如果新闻人物写作上失去了描述性语言，而使用或过多使用叙述性语言，那就变成了人物事迹材料，或者人物介绍，而不是活的人物，不是震撼人心的新闻作品。

好的描述性语言是带有音响效果的，好的描述性语言也是新闻报道的最佳选择。新闻报道语言一要简短，二要简洁，三要有张力，即使是概括性描述，也要强调简短、简洁、有张力。这一点从唐宋八大家以及桐城古文派所写人物传记中不难看出，他们往往在文章开头，只用短短几句概括描述性语言，就将人物体征外貌、性格特点、突出业绩、世间影响等生动鲜活地表现出来，尽管简短、简洁，却充满语言张力，是用活的语言概括描述，而不是拿死的语言概括交代。其实就是行文中也是少不了概括性的描述，那同样需要简短、简洁、有张力。行文中概括描述往往是为了过渡，起到起承转合作用，一要快，二要自然流畅，要达到这两点，同样离不开简短、简洁、有张力。简短就是不拖泥带水，简洁就是干净利索，有张力就是充满生命鲜活性。

新闻人物写作必须选用好与人物相匹配的语言环境，也就是要选择好简短、简洁、有张力的概括性描述语言，如同话剧、电影和电视剧，故事进展中，少不了画外音和过渡性语言，无论是抒情，还是徐徐道来，都需要事先有恰当的语言选择。恰当的描述性语言是人物通讯成功的必备条件，故事的来龙去脉，事实的挖掘和交代，人物的思虑与喜忧，惟恰当的描述铺陈才能更好体现。

因此可以说，要让人物"活"起来，不管是短小篇章，还是长篇通讯，都要认真选择好描述性语言，让人物活动在好的语言生态环境里。为什么唐宋八大家影响那么深远，为什么桐城古文派能够统率清代文坛，为什么新闻史上那么多名篇大作历久弥新？除了主题健康，与世有用，再就是写作上大有可取之处。而这种写作，不光是架构新颖，细节感人，更是选择了恰当优美的语言，那种简短、简洁而有张力的描述性语言起到了功不可没的效用。

怎样才能营造好人物活动的语言生态环境呢？

简练而有温度，线性而有声响，勾勒而不乏血肉，就是一种很好的语言生态环境。要做到这一点，就要多用实在话，鲜去绕弯子，务必笔笔到位，句句传情。

大白话即是白描性语言，也叫线性语言，而不是块状语言。线性语言是白描的最佳搭档，最大的特点是不加粉饰，不夺人美，只作平平实实铺垫，有声有色地为人物活动服务。

《百姓心中的丰碑》成功地运用了白描笔法，即描述性语言。几乎每个故事、每个细节、每个场景的运行中，都有描述性语言相过渡，给人物性格的形成创造了平实而厚重的语言氛围。

比如行文开头，记者就用了朴素的描述性语言，简要叙述了新闻人物的社会影响力，让读者能够在简短清晰的文字中洞察人物概貌：

5月22日，在登封市公安局长任长霞不幸因公殉职一个多月后，我们来到登封追寻英雄的足迹，听百姓们含泪讲述长霞的故事，真情似颍水清澈，朴实如嵩岳无华，像追忆逝去的亲人。从那悲痛凝重的氛围里，我们真切地感悟到，一个人们心目中的"好官""好公安局长"与百姓的血肉联系，感悟到"天地之间有杆秤，秤砣就是老百姓"的朴素哲理。

这是长篇人物通讯的开篇，相当于消息的导语，纪事报道的引言，其功用是引领全文，导引出报道的主旨，给读者以总体概貌感受。因为是新闻人物通讯而不是人物事迹总结，那么语言选择上就以简短、简洁、有张力为主色调。比如"听百姓含泪讲述""像追忆逝去的亲人""那悲痛凝重的氛围"等，都是简短、简洁而有张力的语言，当然，记者不是为了叙述而叙述，根本目的是引出"一个人们心目中的'好官''好公安局长'与百姓的血肉联系，感悟到'天地之间有杆秤，秤砣就是老百姓'的朴素哲理"。这就自然过渡到了整篇通讯的大场景，为后面各部分的展开做了起势非凡的铺垫。

在引言概括性描述之后，通讯很快拉开了整个人物生活大剧第一部分的大幕，在这一部分中，除了重点反映百姓对"好官""好公安局长"追忆的具体表现外，还要对任长霞是如何牺牲的，她的不幸遇难引起的震动，再做一个小小的概括描述，不然"追记"的脉络就没了着落。所以，记者在第二部分开头又来了这么一段概述，同样用的是简短、简洁而有张力的描述性语言：

> 4月14日20时40分，当任长霞为侦破"1·30"案件从郑州返回登封途中突遇车祸因公殉职后，登封"黑悼白花漫嵩山""城巷尽闻号啕声"，仿佛一夜之间出了无数诗人，使整个山城涌动着诗的潮水，哀的旋律。4月17日，14万群众自发为她送行，其哀其痛，其悲其壮，撼天动地，千年历史的古城登封前所未有。
>
> 一个眉清目秀的柔弱女子，一个到任仅3年的公安局长，何以能在这么短时间内赢得60多万百姓的如此爱戴、如此尊崇？！

她因为什么离开了自己热爱着的土地，她的离去在当地引起了多么大的震动，老百姓是如何表达对她的崇敬和不舍，通过这段简短、简洁而又极有张力的概括性描述，就把读者的阅读欲望调动到了极致。读者会与记者一样发出感叹：她何以能够赢得成千上万的老百姓的爱戴和尊崇？在这样概括描述性的语言中，是不是更易于展开故事的上演，更能吸引读者的注意力？果不其然，接下来就是一个又一个她为百姓扫黑除恶，排除种种阻力解积案破悬案，为老百姓伸张正义，还登封一方平安，抹亮嵩岳一片蓝天的故事。她虽然是位柔弱女子，但有一身铮铮铁骨，她虽然到任仅3年，却恨不得一天当作两天过，一个身子分成仨，破案、扫黑、带队伍，接访、调研、顾群众。她是人们心目中当之无愧的"好官""好公安局长"，与百姓真正是血肉相连啊！所以老百姓才会把泪洒给她，把心掏给她，用口为她铸碑。

在接下来的大案要案侦破中，记者仍然用了些概括描述性语言，同样都很简短、简洁和有张力，同样把案情的恶劣性，百姓的期盼性，扫黑除恶的严峻性，描述得惊心动魄、扣人心弦，更为故事积聚了势能，为新闻人物带来了活力，激起了"响"声。说到"响"声，其实真不为过，在通讯中，读者不时会听到百姓发自内心的呼喊，从而引起山岳震撼的回响。比如："像这样棘手的案件，她可以找一千个借口搪塞，找一万个理由推托，可她没有，她情愿为咱老百姓当靠山！"比如："任局长是真心为咱百姓办事的官儿。老天爷啊，咋不让我这个老婆子替她去死哩？"还比如："要是嵩山搬得动，我就用它为任局长立碑！"这些仰天大叫的呼喊，这些撕心裂肺的号啕，这些声震长空的允诺，岂不是在概括描述性语言积蓄之后才爆发出来的吗？岂不让新闻人物在山呼海啸的动感中，随着情节的推进发出了惊人的"响"声吗？所以说，是记者选择了简短、简洁、有张力的概括描述性语言，才创造了人物鲜活灵动起来的语言生态，是好语言让人物"响"起来。

其实，有了这样的描述性语言，无论是概括性描述，还是细节性描述，以及主题思想提升，多种手法表现，都会达到让人物"站"起来，"动"起来，"神"起来，"高"起来，"灵"起来，以至"响"起来的效果。如同烧陶希求名品一样，陶土的品质决定着瓷器的成色，好语言就是那无可替代的陶土。特别是用好简短、简洁、有张力的描述性语言，对写活人物，起着至关重要的作用。带有情感的描述，会让人物在语言环境中嘎嘣清脆地"响"起来。

古今写人，莫不如此。写活人物靠细节，靠形象化语言，靠具体表现，但精妙的描述是至关重要的手法，是决定成败的关键。就是韩愈写王承福，柳宗元写郭橐驼，方苞写陈驭虚，刘大櫆写樵髯，以及记者写任长霞和李素珍，都是离不开叙述性人物概貌写作的。可以说，无论是古代人物写作，还是现代新闻人物采写，离开了叙述性语言，都会如绘画没有轮廓一样，缺少全貌，而令读者如丈二和尚摸不着头脑。

所以，韩愈简略几笔，就蓄足了势、积满了情，为主人公出场做了足够铺垫，真正是未见其人，先闻其声，好戏尽在后头。比如，开篇即言"圬之为技，贱且劳者也。有业之，其色若自得者。听其言，约而尽"，简略几笔，虽属叙述，但"其色若自得"却是简洁而又富有张力的描述，正是这一恰当描述，才为后边作者"独善其身"的感慨做了很好的伏笔。接下来，作者又用概括描述性语言，对人物做了进一步描写："持弓矢十三年，有官勋，弃之来归，丧其土田，手镘衣食。馀三十年，舍于市之主人，而归其屋食之当焉。"主人公虽然平定天宝之乱有功，得官勋，却弃之来归，选择了"手镘衣食"，即以泥瓦匠"贱且劳"之技养活自己，而且还能够"色若自得"，就引出了文章主体部分的大段议论，从而道出了一个小人物的深远情怀，即"虽劳无愧，吾心安焉"。故而令作者为之感叹："愈始闻而惑之，又从而思之，盖贤者也，盖所谓独善其身者也。"正是描述性语言用得好，才使小人物生活感悟有着落，也才引发了作者文末的深切思考，从而让一个小人物传响后世千古。

同样地，柳宗元的郭橐驼种树也是用好了简短、简洁而有张力的描述性语言，正是这样的概括性描述也为人物的种树与治世的辩证道理做了漂亮的开场白："驼业种树，凡长安豪家富人为观游及卖果者，皆争迎取养。视驼所种树，或迁徙，无不活，且硕茂，早实以蕃。他植者虽窥伺效慕，莫能如也。"也正是如此简短、简洁而有张力的概括描述性语言，让人物轮廓清晰，而且虽卑微却又极有能耐，让长安豪家富人也要"皆争迎取养"，视其种树识树养树"硕茂早实以蕃"，饱含着科学道理，又对治国理政有着特有价值的借鉴。他的一番"移之官理"的论辩，更是充满着振聋发聩的音响效果。且听："旦暮吏来而呼曰：'官命促尔耕，勖而植，督尔获，早缫尔绪，早织尔缕，字尔幼孩，遂尔鸡豚'。鸣鼓而聚之，击木而召之。"观其言，可知其音，那些小吏早晚跑来大呼小叫："长官有令，催促你们耕地，勉励你们种植，督促你们收割，早些缫你们的丝，早些织你们的布，养好你们的小孩，喂大你们的鸡、猪。"一会打鼓聚集，一会敲梆招呼到一起。如此，恰似看到那些"好烦其令"的官吏，无事忙般地胡乱管理，尽做些形式主义的无用功，看上去是为百姓着想，根子上却害了百姓，给百姓带来不知所措的苦恼。尤其是"鸣鼓而聚之，击木而召之"，就极有画面感和音响效果，似乎能够听到那鸣鼓、击木的吵嚷，还有那聚之、召之的狰狞。如此一番描述，正应了橐驼所说的"他植者"的庸人自扰，"旦视而暮抚""爪其肤""摇其本"，其结果是"虽曰爱之，其实害之；虽曰忧之，其实仇之"。这样简洁而有张力的描述，就把植树与治世的道理形象贴切地表现出来，因而也就顺理成章地引出了橐驼更惊世骇俗的响亮议论："吾小人辍飧饔以劳吏者且不得暇，又何以蕃吾生而安吾性耶？"

还有苏轼写方山子"俯而不答，仰而笑"的描述，同样是画面和音响俱佳的典范。就是方苞和刘大櫆所撰陈驭虚、樵髯，在描述性语言中，无不充满着动感和音响，关键处，寥寥几句响亮语言，就把人物点化得生动鲜活。无论过去了多久，一说起陈驭虚，就会让人想到他伏案呻吟、退而嬉笑的情景，似乎能听到他的呻吟声和嘲笑声，想到那对权势富贵之家的鄙夷和戏弄；还有那无文饰，而多髭须的樵髯，见乡里人注局凝神，那皱眉讥讽的顽皮，以及据棋局嗷嗷叫、争吵不休的放荡，其画面和音响感是多么强烈啊！可见，用好描述性语言，对写"响"人物有着非常奇特的效力。

还有，笔者所写《魂系警徽　心连万家》，全篇开头引言以及其他各部分起首处，无不是白描勾勒，仅用几句简练到位的描述性语言予以交代，就为后续之文做好了铺垫。这些语言都是浓缩了的描述性语言，不加太多的修饰，不求多么华丽，适于白描手法，属于线性质地。与工作文件、讲话材料所用语言相比，此类语言更富于感情色彩，有着可以触摸的质感，便于描述事件经过，易于塑造人物形象。

比如全篇引言写道：

李素珍从警 14 年，凭着一颗爱党、爱国、爱事业、爱人民的赤诚之心，始终不渝地实践着"当民警，就要为人民服务；干事业，就要有一番痴情"的诺言，留下一个个闪光的脚印。

如此写来，就为全篇描画出了人物概貌，以及通篇所述诸种事实端倪，有利于人物形象的展现，拉出了各类事件的线头，为人物塑造打下基石。

在以后的几部分中，亦巧妙地使用了线性语言，用白描的方式，描述出相应的基调，让人物在活跃着的语言中"活"起来，"动"起来，更"响"起来。比如第一部分，着重描写李素珍怎样热情为民办事的，那语言就向着热情似火方面发力，几句概述性话语，自然透露着温柔和甜美："人们发现，无论谁来办事，李素珍都会热情接待，倒茶让座，然后说：'请稍微等等'。"语言虽简短、简洁，却又饱含张力，把一个温柔耐心而又礼貌周全的女性户籍警察，连同她音容笑貌，活脱脱推到了读者面前，给人如沐春风般的和善之美。

线性的描述性语言不仅对人物形象塑造有利，而且对通讯报道作品的承转启合亦分外合辙。由于此类语言具有简短、简洁而有张力的特点，所以运用起来就非常灵活，阅读起来也清晰可辨，易于人物情态的转换伸张，很能够让人物在具体活动中发出声"响"。比如"户政内勤是一个集服务与管理为一体的工作，既要尽力让群众满意，又要坚持原则，按章办事。李素珍的口头语就是：'干公安就要像暖水瓶，对正经事热，对歪门邪道冷。'"一下就会看到这一部分重点在按原则办事，而且有着不可通融的冷劲，表现的是人物一身正气、不沾邪气、敢于碰硬的"响"当当的一面；还有她工作一丝不苟、爱家庭、爱孩子方面，同样选择了线性白描式语言，创造人物活动自如的语言生态。说到工作琐碎繁重，通讯写道："李素珍下过乡，插过队。艰苦的生活，练就了李素珍刚毅坚韧的性格，奠定了牢固的人生基石。"不用说，下面展开的自然是她在工作中无怨无悔的自觉付出；说到她对家庭、对孩子的爱，通讯用了这样几句话："丈夫张汉昌是科大的副教授，放下繁忙的教研工作，到处为妻子求医求药。儿子缺乏照料，抽动症发作更勤，但天天闹着到医院来。李素珍搂过儿子，两眼含泪地说：'儿子，我欠你和爸爸的最多……'"没有煽情，不见渲染，只是徐徐而叙，却话语短而情绵长，细言浸心扉，泪水湿衣衫，真正体现了无语哽咽的强烈效果。

其实，线性语言看似无色无味，却透视着特殊的美感，无色的丝缕可以织造出质地华贵的绸缎，无味的白描却会展示地道的内在底蕴，线性语言如同五线谱，可以谱写出响彻云空的音乐华章。所以，在人物通讯写作中，描述性语言最显功力，是最能体现人物形象的基础性语言，没有过多的场景描写，不琐碎地描写人物外貌特征，一切为展示人物个性做好语言环境准备，往往就那么几句看似大白话的描述，却会起到空谷回声的强大音响效果。

再说说人物对话和引语。

对话最能看出人物个性，引语最能烘托人物情操。

但对话不是日常生活中的对话，必须为塑造人物形象服务。引语也不是为了装点门面，而是更好地映照衬托，更生动地聚光人物精神境界。在人物传记和新闻人物写作中，用心提炼对话，精心选择引语，对丰富人物形象、提振作品感染力大有裨益，也最能引起拨动读者心弦、触发引起人们心灵回响的特殊效应。

说到对话，所有戏曲艺术种类中，话剧最讲究人物对话，新闻人物写作也要借鉴话剧对话技巧，让对话真正彰显人物的独特个性。在《百姓心中的丰碑》中，有许多体现任长霞作为女性公安局长的柔情的细节，大都是通过对话生动体现出来的。例如，中岳区任村村民陈秀英在一起纠纷中被打成重伤，事发后犯罪嫌疑人潜逃外地。陈秀英在医院做了两次手术，头上留下小碗口大的塌陷伤痕。由于案件迟迟未破，陈秀英踏上了上访告状之路。通讯特别描述了陈秀英和任长霞的对话，那是两位女性的对话，也是无助者和助人者的对话，更是心灵与心灵的对撞，碰撞的话语中带着声响，透露出令人心碎的震撼。陈秀英回忆说：

> 2001年5月的一个局长接待日，我到市公安局去申诉。那天的情景我到死都忘不了。任局长拉着我的手，问我啥事儿。我把告状材料递给她，她看了材料后，轻轻地摸了一遍我头上那块去掉颅骨仅剩头皮包着的软坑，惊讶地说了声："咦！咋打成这样！"她的泪水一下子流了下来，双手扶住我的肩问："人呢？"我说"跑了"。任局长说："你放心，跑到天涯海角我们也要把他抓回来！"

此番对话，言简有力，不加形容，不做强化，淡淡的话语中，显示着主人公纯正亲和的百姓情怀，更充分显示出主人公爱憎分明、义胆侠肝的钢硬特色。

同样是这个主人公，两句对话，又透示出另一番女性柔情，那种不加粉饰的平淡话语，真真切切地道出了人物的天性慈悲。需要强调的是，人物通讯中，最能体现人物个性的对话，往往都必须做必要的铺垫，唯有把故事背景精致地交代好，才能为对话营造巨石击水的强烈反响。上述陈秀英和任长霞富有声响的对话是这样，此处对话也做了极为精妙的描述蓄势，使对话犹如句句落地炸响的惊雷。当然，这种铺陈语言，主要以线性语言为主，是线性语言将故事原委、明明白白、清晰透彻地描述出来，同时以平淡的描述，使随之而来的对话更为非同凡响。

这段铺垫比较长，但线性语言特有的张力，以及相对简短、简洁的明快，却没有给人过于冗长的厌烦感，反而极有意味，令人读之动容，此处忍不住将全文照录下来，以示描述性语言的魅力。记者是这样说的：

> 2003 年 12 月 18 日，是一起重大案件告破的日子。在石坡爻村召开的公捕大会现场，囚车缓缓开动。一个小姑娘抱着一个小孩子死命地追赶着囚车。小孩一声声哭喊着"爸爸""爸爸"！撕人心肺。小姑娘是犯罪嫌疑人王小伟的侄女，孩子就是他刚满 3 岁的儿子。因为家里穷，前两年他老婆跟他离婚了，家里还有一个年近古稀的老母亲。听到孩子的叫声，犯罪嫌疑人眼睛紧闭，牙关紧咬，痛苦地将头埋在怀里……

不用说，这是一段较长的叙述，但也是一段画面感极强的描述，虽然没有什么值得叫好的巧言妙语，却给人强烈的触动。为什么？就是线性语言的音乐感，以及描述性语言的画面感。请看，囚车缓缓开动；请听，小孩一声声哭喊。有平淡的叙述，穷，离婚，古稀老母，还有"眼睛紧闭，牙关紧咬，痛苦地将头埋在怀里"，虽是白描，却如刀尖戳心，如此描述谁会嫌烦，谁能忍住触动心灵的泪珠？当然，记者不会为了赚取读者的泪水而不惜笔墨，他们想的是让主人公有更多贴近人心的举动。果然不出所料，记者进一步描述说：见到这个情景，任长霞走过去让民警把犯罪嫌疑人从囚车上押下来，说："打开手铐，让他们父子再见上一面。"犯罪嫌疑人看到还不懂事的儿子时，抱着儿子号啕大哭……

别看这些叙述看似平平淡淡，其实，正是如此人性化的描述，才给后面的故事又埋伏下了重要一笔。其间，通讯又加入了另一个起伏性的故事，即当时在现场采访的任俊杰回忆，他和任长霞有个对话，从中可以看出任长霞女性温情的另一面。一方是犯罪嫌疑人，一方是还不懂事的孩子，生离死别，铁石心肠的人也会动容啊！通讯接着写道："这时，任长霞蹲了下来，用双手轻抚着孩子的脸，从衣兜里摸出100元钱，递给一位邻居说'给孩子买点吃的，以后孩子有啥困难就去公安局找我，我叫任长霞'。说完扭头就走了。"莫道尽铁血，英雄也流泪。当时在现场采访的任俊杰后来对《人民日报》记者说到那最动心的一幕：

"当我过一会儿再见到任局长时，她在悄悄抹泪。""任姐，你哭了？"她对我说："唉，孩子真可怜！女人泪窝浅啊！"

是啊，当任长霞看到犯罪嫌疑人抱着儿子痛哭时，她没有扭过脸去，也没有面露凝重，而是"蹲了下来，用双手轻抚着孩子的脸"。在这里，描述性语言把故事说得非常平实自然，加上一些入情入理的对话和引语，既有画面，又有声响，岂不叫读者如同坐在电影院里，和影视人物一起喜怒哀乐？如果没有足够的描述，没有简短、简洁而有张力的过程交代，哪有犯罪嫌疑人"抱着儿子号啕大哭"，而又令主人公也蹲了下来，用双手抚摸着孩子的脸，当然更不会有犯罪嫌疑人后来悲痛欲绝的忏悔，要去任长霞坟上烧香磕头。

英雄有泪不轻弹，对话之中含柔情。对话中，一句"女人泪窝浅啊"，比一大箩筐的话语表白更能透视出女性主人公的柔软心性，当然也是主人公最为可贵的另一面。正是看似不经意间的对话，最能道出主人公心灵深处的真情。如果不是正在采访的记者任俊杰细心地发现铁汉子一样的女局长在悄悄抹泪，如果不是他问了一句"任姐，你哭了"，那就没有任长霞更为感人的对话，也就没有了英雄也流泪的女性感叹，这人物通讯就不会彰显出那么大的震撼力。

由此看出，对话最能让新闻人物在事实中活起来。所以，新闻人物写作最要紧处是写好对话。但对话必须与人物身份相符合，必须为突出人物个性服务。

《史记》中的对话最注意人物个性，也最能体现人物胸怀，虽一言半语，却能够起到"以一当十"的妙用。比如：

> 陈涉少时，尝与人佣耕，辍耕之垄上，怅恨久之，曰："苟富贵，无相忘。"庸者笑而应曰："若为庸耕，何富贵也？"陈涉太息曰："嗟乎，燕雀安知鸿鹄之志哉！"

——对话让地位低微的陈涉显露出不凡志向，如没有此等鲜明的对话，再用力都难叙述出人物的生动个性来。不仅如此，在以后的起义进程中，几个事件发展关键点上，太史公大都是用了精彩对话，体现人物个性，体现陈涉有勇有谋的英雄一面，也体现他骄奢淫逸、心胸狭隘的一面，最终以对话和事实进展体现出人物悲剧性结局。不妨做些简要分析，当不巧天降大雨，道路不通，他们估算着肯定不能按时赶到渔阳守边了。误期，按照秦律，都要被杀头。于是，陈胜、吴广一起商量："今亡亦死，举大计亦死，等死，死国乎？"即逃跑被抓回来必定是死，造反失败了也是要死，都是死，为国举大计推翻暴政而死不好吗？这也许是吴广的话，也许是陈胜的话，姑且作为吴广设问（即使是陈胜的话也未尝不可）吧，那么就引出了陈胜极有眼光胸怀的一番对话（就是自问自答也好）："天下苦秦久矣……今诚以吾众诈自称公子扶苏、项燕，为天下唱，宜多应者。"老百姓受秦朝暴政残害的时间太长了，现在我们真要是冒充秦公子扶苏、楚国名将项燕，带头造反，呼应我们的人应该会很多。这想法自然得到吴广的赞成，"吴广以为然，乃行卜"。

此番对话，纵观时局，鸟瞰天下，言之有理有据，可谓思虑已久，胸有成竹，显示出了一位农民起义领袖非凡的气度和能力，也正因为此，才真正拉开了中国首次农民起义的大幕。但是，农民的局限性也导致了起义最终会走向失败，太史公同样是以对话来体现的。这里有两段描述和对话极其精彩：

一是：

陈胜王凡六月，已为王，王陈。其故人尝与庸耕者闻之，之陈，扣宫门曰："吾欲见涉。"宫门令欲缚之，自数辩，乃置，不肯为通。

二是：

陈王出，遮道而呼涉。陈王闻之，乃召见，载与俱归。入宫，见殿屋帷帐，客曰："夥颐！涉之为王沉沉者！"……客出入愈益发舒，言陈王故情。或说陈王曰："客愚无知，颛妄言，轻威。"陈王斩之。诸陈王故人皆自引去，由是无亲陈王者。

由是观之，好像两处都是引语，其实完全是对话，而且是不需要回答的对话，也可以说是隐去了应答的对话。前边说的是陈胜当年一起庸耕的故人慕名来见，到了陈王所在国都，因为是当年一起劳作的伙计，那种放肆张狂、无所顾忌可想而知。他们疯狂地扣响宫门，大声呼叫着要见陈涉。已经为王的陈涉，哪还是当年的穷伙计所能胡乱直呼姓名的，那宫门长官自然不须回答就要绑起来的，因而不见对话，其实是有对话的，而且应是大嚷大骂、大吵大叫的对话，不然哪有"数辩"之说。后边讲的是陈涉身边的人看不惯闯入宫中的乡野之人，虽然他们是陈涉王当年的穷伙伴，一起劳动的庸耕者，但为着陈王的威严，那些宫里的人仍会大进谗言，说来者"愚昧无知，专门胡说，会降低王您的威信"。不用说，陈王是做了回答的，而且是极其恼怒的对话，或者是直接下令把他们杀掉。然而后果是，陈王的其他跟随者也都悄悄地离去，没有再来亲近陈王的了。再加上陈涉起用奸佞小人，纵容考核官和监察御史胡作非为，弄得各级将领们与陈王越来越远，即"诸将以其故不亲附"，最终"此其所以败也"。司马迁就是这样，在简洁而有张力的描述和对话中，将历史人物的成败得失，表现得淋漓尽致。

因此可以说，对话中可知其人物个性，但有时没有对话的"对话"，同样也能显其特有个性。司马迁写陈涉为王后的两段描述，两处看似对话却不见回答的表述，都说明了这一点。而苏轼《方山子传》中同样有对而不答的美妙处置，那"俯而不答，仰而笑"，只用身体语言作答，是不是对话呢？是的，而且是更为意味深长的对话。方山子与苏轼是好友，两人在一起时，常论及古今成败。方山子出身富贵，得意时，喜好宾客，蓄纳声妓；失意时，隐居山野，皆弃不取。如今苏轼也遭降职，来到偏僻之地，二人在此相遇，实在是命运作怪，所以，方山子的"笑"，表达的是自嘲，是无奈，是看破红尘者对官场落魄者的哀怜，以一"笑"表示其无言以对，更能够揭示出主人公性格的复杂性，风流潇洒如方山子者，其孤傲品性尽在"笑"而不答之中。这与上述司马迁写陈涉两处不见应答的对话有所不同，那里发出话语之后，显然是有对答的，只是作者没有写出来，或者说，不用写出来也已经显示出对答。此处，方山子的"俯而不答，仰而笑"，又是一种对话，而且是作者更为巧妙地使用对话，是值得新闻工作者细心揣摩的技巧。

由此可以说，无论有声还是无声，恰当而有音质的"对话"，都能让人物的言行铿锵作声，响彻云霄。

引语也是如此。

引语有多种，可以是新闻人物，即主人公自己的话，也可以是引用他人的话，甚至是记者自己站出来说话。

引用新闻人物的话，会更加直白地亮明主人公的内心世界，显示人物品性，揭示其内心世界，给人以鲜活生动的感觉，同时还能够顺藤摸瓜般描述出相应的故事，使事实变得有血有肉，使人物变得更个性鲜明。

在采写户籍民警李素珍英模事迹稿件中，为了突出人物平实的性格，四个小标题中都以主人公的话打头，以引语提示人物富有特性的思想境界。

她说："我的岗位面对的是群众，让群众感到一种温暖，自己心里才踏实。"

她说："我们干公安的，就得对正经事热，对歪门邪道冷。"

她常说："干工作就得用心，就得投入，干出点样子。"

她说："儿子，我欠你和爸爸的最多……"

主人公的这四句话，其实就是新闻重点展开描述的四方面，加上相关人物的对应话语，使新闻事实写作，以及人物形象描写，也就有了叮当作响的落脚之处。

比如她说"我的岗位面对的是群众，让群众感到一种温暖，自己心里才踏实"。相应的事实就是，所辖区域大，常住和流动人口多，作为户籍民警，平均每天接待群众80多人，办理户口100多个，几乎从早到晚不能闲着。但她的窗口前，每天都"阳光明媚"。接下来是处处为群众着想的几个事实故事，一个比一个具体，一个比一个生动感人，如何展开都不会显得生硬，如何描写都在所引用的她相应的对话中。再引用群众对主人公的相关评价："碰到这样的好民警，是咱们的福气"，就使整个部分完美无缺，也就把主人公的一个侧面充分描绘出来。然后再顺着主人公其他方面的引语，以及有关方面人物相应评说的话语引用，生动形象地展开各方面的新闻事实，就能写好令人信服的新闻人物。

言为心声，引用新闻人物自己的话，最能体现人物思想境界，对塑造人物形象有着无可替代的妙用。但是，值得注意的是，一是要与人物身份相匹配，二是不能脱离具体场景。李素珍是位普通户籍民警，没有惊天动地的业绩，也不会有惊世骇俗的语言，笔者所注重描写的也正是她这种朴实真情，因此她的话必须是普通户籍民警的话，而不是公安局长的话，她每天处理的也是一件又一件小事，所打交道的也是一个又一个最基层的人。从人物身份上说，户籍民警李素珍说的只能是"让群众感到一种温暖，自己心里才踏实"，她不可能像公安局长任长霞面对被打伤致残的上访群众所说的那样："你放心，跑到天涯海角我们也要把他抓回来！"从具体环境说，李素珍见上楼来办户口的老太太，手扶栏杆，一步一停地好不辛苦，就急忙上前搀扶，说"老人家，以后再来办事，就请楼下值班人员打个电话，我下来取了给您办"。而在公捕大会现场，公安局长任长霞见犯罪嫌疑人的幼子哭喊着跑来，她说的是"打开手铐，让他们父子再见上一面"，在看到嫌疑人抱着儿子号啕大哭时，又禁不住流下泪来，当别人问道"任姐，你哭了"，她作为女性的一面，说出了"唉，孩子真可怜！女人泪窝浅啊"。这样的引语，就既符合具体场景，又符合人物身份，因此特别真切感人，对丰富人物内心世界、提升人物思想境界，都会起到响当当的作用。

还有，引用他人的话也能够从侧面烘托人物形象，增加新闻人物塑造上的可信度，增强典型人物的感染力。《百姓心中的丰碑》大量使用了他人对"好官""好公安局长"的由衷赞叹。比如，涉黑集团的受害者冯长庚，惊天冤案得到了伸张，而好公安局长突遇车祸因公殉职，他那声哀怨可是发自胸腔的啊："她才40岁，叫这么好的人走怎早，苍天它真的没长眼哪！"就是引用家人的"怨言"，同样也透露出爱怨交加中的真情，对丰满人物形象起到更为有力的妙用。比如："说不生她的气是假的！""我给邻居说，我算是给公安局生了个闺女。"把母亲的话引用到作品中来，更能真实地从另一个侧面衬托人物的无私形象，并在无形中增添了新闻人物的可信度。难能可贵的是，在任长霞的人物形象塑造上,记者不光写好了细节,写活了对话,而且在引语功能挖掘运用上也特别用功。其最大的成功之处就是,让引语成为连接人物、承转故事的纽带和桥梁,在引语的巧妙引领下,让一个又一个新闻事实成为塑造人物不可或缺的素材。以上引用冯长庚的话,自然导向了村民陈振章的心声,陈振章有着和冯长庚几乎相同的遭遇,也是任长霞组织干警,端掉"砍刀帮",为百姓除了害,为陈振章讨回了公道。以下又引用任长霞的战友、登封市公安局政委的话,与任长霞母亲的话相呼应,增强了故事的连贯性,更增强了人物形象的厚重感。母亲见不上女儿有怨言,政委刘从德的话则更验证了长霞无暇顾家的真实性:

> "长霞逢事总是想别人的多,想自己的少。她到登封后的3个春节,都因为事情多,是在局里过的。2004年大年三十,长霞又坚持让我回家过年,她值班。我知道,她爹因脑溢血半瘫痪,娘的身体也不好。让我回家,老婆孩子围着,我怎么安心吃得下饺子?那天晚上,我带着爱人一起去看望了她的父母。"

接着是一个细节,政委把头埋入双手,声音哽咽:

> "今年的春节她真的回不去了!长霞,你是顾不上了,就让我们替你尽孝吧,你放心走好!"

读着这样的引语,可谓字字戳心,虽然朴实无华,但句句如石尖一样,砸痛了读者的心。这样的引语,是新闻故事不可或缺的部分,也是人物自然天成的肌肉，映出了任长霞母亲的怨艾，更道出了战友的关爱，自此，人物已经横空推出，成为气贯长虹的活生生的大写的人！

再说说记者站出来说话的问题。这也是典型人物作品引语的一部分，而且往往是非常重要但又颇有争议的问题。因为，不少业界人士不赞成记者在新闻作品中站出来说话，包括国外新闻界也是如此，认为记者站出来说话会对事实的公正有所影响。其实，在典型人物塑造上来说，古今名篇无不渗透着作者感情充沛的评判，处处可以看出作者饱含深情的赞许，或者对邪恶人物掩饰不住的憎恶或批判。新闻典型人物塑造大多是正面为主，由于他们对社会、对人民、对事业的无私奉献，那种人间大爱感天动地，那种真挚万分珍贵，记者适时站出来直抒胸臆，也确实是无可厚非的。

就像上述写到任长霞战友、登封市公安局政委那番深情话语之后，当然也是整篇通讯结尾之处，典型人物塑造已大功造成，一个时代的英雄伟然高耸，记者再一次忍不住站出来说上几句，此类引语，不可多得，自然就成了全篇终结的最高光处的点睛之笔：

　　　大德无碑，大道无形。谁心里装着百姓，百姓就把你刻上心碑！历史就这么公道！

不难看出，此处的引语如同高山之巅的大声一呼，英雄啊，你永远活在人们心中！这样的引语在此长篇通讯中时而出现，下面还会有进一步分析，但必须指出的是，此类引语绝不是记者刻意而为，完全是水到渠成，一点都不显得突兀，是记者自己站出来帮读者说话，是跟读者情感上相互交流，是读者也喜欢说的话。这样的话就是一种引语，是电影的画外音，是作品中的旁白。许多新闻理论著述者认为，新闻报道是靠事实说话，记者只是记录者，不应该也没有必要站出来说话。这在理论上也许有一定道理，而事实上，特别是人物通讯，或人物传记写作上，故事进展到了一定程度，如同说书者情绪积聚上来，情不自禁地点评一下，说上几句，似乎很有必要，很受读者和受众欢迎。

因而，《百姓心中的丰碑》的记者在谈写作体会时说："记者该站出来说话时一定要站出来说，直抒胸臆，绝不避讳！"在他看来，记者对素材、对事情的了解毕竟要比读者多，要比读者深，感受到的也要比写出来的更多更深。有时候站出来说上一两句，就会起到画龙点睛的作用，起到引领情感的特效，推动作品达到应有的高潮，让人物在记者的点评中更加生辉。

事实上，记者站出来说话不是没有必要，而是看如何去说，在什么情况下说。当然应该切记，不能为了说话而说话，更不能为了拔高而多说。只能是视情景而定，看情势而为，顺理成章才行。为了承转和强化任长霞既硬又柔的一面，通讯在写到犯罪嫌疑人感念长霞的人道主义关怀时，记者先是简洁描述了采访时见到犯罪嫌疑人的情景：高墙电网，厚门铁窗。5月25日下午，记者在登封市看守所见到了犯罪嫌疑人王小伟。第一次听到任局长遇难的消息，王小伟抱头痛哭：

　　"她可是个好人啊，不应该走这么早！"好大一会儿，他抬起头来说："我对不起母亲，对不起孩子。如果有机会出去，我第一件事就是去坟上看看任局长，给她烧香磕头。"临了，王小伟哽咽着小声问记者："任局长埋在哪儿啦？"

其实这个情节有着厚实的铺垫，就是前面详细描述的那个死命追赶囚车的镜头延伸，因为任长霞柔性执法，下令打开手铐，让他们父子再见上一面，所以才有了犯罪嫌疑人的抱头痛哭，才有了他对母亲和孩子，以及对社会的忏悔，这种人性感化是有独特力量的。因而，女性的柔性执法，确也给人们带来许许多多可贵的启发。所以，记者又一次站出来说话，其议论响如黄钟大吕：

女性的慈悲是博大的。因为博大才显得伟大。

还有一点也特别值得一说，即写到英雄的"欠缺"时，借着长霞母亲、丈夫对长霞爱怨交加的诉说，以及儿子生病时故意在医院多待几天，期待妈妈能抽空看他，但是长霞太忙了，直到儿子出院也没顾上来看一下，记者对长霞儿子提出："要用百分比打分，你给妈妈多少分？"任长霞的儿子一边讲述一边痛哭，深思了片刻说："顶多 80 分，因为她陪我的时间太少了！"其实，家人也都知道，长霞对家人的欠缺，又是对百姓的偏爱，恰恰正是英雄更了不起的博大胸怀。正是通过母亲、丈夫和儿子的泣诉，特别是儿子的"打分"，为通讯行文又一次蓄足了"势"，攒满了情，记者借"势"抒情，自然而然地再次走到了前台：

又一个 80 分！面对同样的问题，长霞的丈夫给了她同样的分数！

记者的泪水夺眶而出……是的，只有完美的神，没有完美的人！

作为一个普通的人，一个普通的女人，如果说任长霞也有她的不足和缺陷，那无疑是一种英雄的残缺，残缺的美丽，美丽的崇高！

完美与不足，残缺与美丽，崇高与缺陷，英雄在如此对比中达到了又一次升华，因为她的付出，更因为记者站出来的议论，从而形成了通讯的一大特色，即站出来说话，说出了恰到好处的话语，帮助读者对人物有更为准确的认知。这是对英雄的聚光效应，更是记者带领读者进入主人公内心世界的情感效应，正如记者所说，那就是意在冲决读者泪水的堤坝，在泪水中升华英雄精神，用泪水荡涤读者的灵魂。不过，需要注意的是，这样的引语，必须与作品风格相一致，与典型人物的典型环境相符合，与新闻故事的叙述相协调。作品的风格是平实的，从头到尾都是朴实无华的格调，那么引语也必须是朴实无华的，记者站出来所说的话则不能太过抒情；典型人物是在典型环境中生活的，典型环境决定着典型人物的典型语言和行动，那么记者即便站出来说话，那引语也必须体现环境和人物相契合，任何出格和不切合实情的话语都是不合时宜的。

当然，《百姓心中的丰碑》其新闻故事的叙述也是特别有讲究的，如何让事实故事在场景再现中铺展开来，怎样为行文运笔蓄"势"含情，都需要记者费尽思量。如果不是记者选择了精巧的结构，精心运用典型细节，讲究组织高潮的技巧，那么就不会有响当当的"好官""好公安局长"，就不会有嵩岳一般高耸的英雄，就不会有新闻人物画廊中的任长霞！

同样地，在《魂系警徽　心连万家》中，笔者也多次恰到好处地站出来，说了恰如其分的话，最直接最倾情的话是："户政内勤琐碎枯燥，但又是党和政府联系人民群众的重要窗口。李素珍的'窗口'前，每天都'阳光明媚'，她把无限的温馨送给了百姓。"记者如此直接道来，就成了读者认识主人公的导读词，无形中增添了新闻人物的光亮度。像这样的引语在每部分的关键之处，笔者都会不失时机地站出来说上两句，是感情的自然抒发，更是行文运笔上的巧妙转承。比如，"李素珍对待群众就像'暖水瓶'，积极为群众排忧解难"。比如，"由于积劳成疾，李素珍住进了医院——强硬的'弹簧'断了"。当然，"弹簧"的比喻也来自战友的评说，在此笔者巧借一用，会对人物塑造起到出神入化的妙用。可以说，每篇成功的典型人物通讯，都是记者用心血采写出来的，记者有与典型人物同甘共苦的深刻感受。确实如《百姓心中的丰碑》记者所说，因为对素材、对事情的了解和理解毕竟比读者多、比读者深，这种多和深就形成了记者对人物的确切认知、对事情的精准判断，因而记者在必要的时候会说些"画外音"，使典型人物的写作进而高潮迭起。

古代人物传记中，作者站出来说话更是常见。韩愈《圬者王承福传》在大段大段地直接引用了主人公不居功要官却甘愿做泥瓦匠的心里想法，包括他自认"能薄而功小""立吾家而力不足"，所以不立家室不养妻子种种议论话语之后，出于对世事和人物思想境界的判断，作者于是直接站出来说了段"内心独白"，也可说是"台前独白"：

愈始闻而惑之，又从而思之，盖贤者也，盖所谓独善之身者也。然吾有讥焉：谓其自为也过多，其为人也过少，其学杨朱之道者耶？杨之道，不肯拔我一毛而利天下。而夫人以有家为劳心，不肯一动其心以畜其妻子，其肯劳其心以为人乎哉！虽然，其贤于世之患不得之而患失之者，以济其生之欲、贪邪而亡道、以丧其身者，其亦远矣！又其言有可以警余者，故余为之传，而自鉴焉。

在韩愈看来，圬者王承福的话，起初还很令人疑惑不解，再进一步思考，觉得他这个人大概是个贤人，是那种所谓"独善其身"的人吧。但是我对他还是有些批评，觉得他为自己打算得太多，为别人打算得太少，这难道是学了杨朱的学说吗？杨朱是中国战国初期伟大的思想家、哲学家，主张"贵己""重生""人人不损一毫"的思想，是道家杨朱学派的创始人。杨朱之学，是不肯拔自己一根毫毛去有利于天下，而王承福把有家室当作劳心费力的事，不肯操点心成家立业、养活妻子儿女，难道会肯操劳心智为其他人吗？但尽管如此，王承福比起世上那些一心唯恐得不到富贵，得到后又害怕失去的人，比那些为了满足自己的欲望以致贪婪奸邪无道而丧命的人，真是又好上太多了。而且他的话对我多有警醒之处，所以我替他立传，用来作为自己的警鉴。

试想，在一位以泥瓦匠为业的普通人物传记中，如此极具影响的古文大家自己站出来为之说话，况且是郑重其事地引用到作品之中，岂不让平凡的小人物更加高大起来？

还有柳宗元《种树郭橐驼传》采用问答形式，不光在对话中巧妙引用了主人公种树"顺木之天""不害其长"的富有哲理的话语，而且还引用了主人公对"官理"的独到见解，认为"好烦其令"必"卒以祸"，"故病且怠"。此文可以说是针对当时官吏繁政扰民的现象而言的。中唐时期，豪强地主兼并掠夺土地日益严重，仅有一点土地的农民，除了缴纳正常的捐粟外，还要承受地方军政长官摊派下来的各种杂税。各地官僚为巩固自己的地位，竞相向朝廷进奉，加紧对下层的盘剥，于是"通津达道者税之，蒔蔬艺果者税之，死亡者税之"。然而，封建统治阶级有时打着爱民、忧民或恤民的幌子，实际是扰民害民，弄得民不聊生。作者借郭橐驼之口，由种树的经验说到为官治民的道理，即只有休养生息，才能恢复元气。如果封建统治者仍借行政命令瞎指挥，使老百姓疲于奔命，既要送往迎来、应酬官吏，又不得不劳神伤财以应付统治者摊派的任务，这只能使人民增加财物负担和精神痛苦。

正因为种树者说出了治世之弊端，所以作者闻之甚为感慨，不由得站出来以问者的话，道出自己的心声："嘻，不亦善夫！吾问养树，得养人术。"所以要"传其事，以为官戒也"。这种如醍醐灌顶般的顿悟，不仅作者感慨系之，就是阅读者也会豁然开朗。此般主人公和作者自己的引语使用，对活跃人物、突出主题、道明事理，都会起到"一石三鸟"的效果。作者最后不仅因为意外收获而欢天喜地，而且还大张旗鼓地宣称，要"传其事，以为官戒"，希望对社会产生更大的警醒作用。还有苏轼撰写方山子，对他有志于济世，却不得赏识任用，仕进无门时，退隐以明志，弃荣利功名而自甘淡泊贫贱，实际上是苏轼借他人之酒解自己胸中垒块。因而在偶遇方山子，见"环堵萧然"，于是慨而叹之："独念方山子少时，使酒好剑，用财如粪土。""与余马上论用兵及古今成败，自谓一时豪士。今几日耳，精悍之色犹见于眉间，而岂山中之人哉？"作者站出来所发感慨，正是对方山子"怀才

"不遇"而遁隐山野的同情和忧愤，对刻画人物形象起到极好的烘托陪衬作用。

方苞和刘大櫆在为陈驭虚、樵髯的传述中，也是不时站出来说话。方苞称赞陈驭虚"与贵人交，必狎侮""一愤以死避权势"；刘大櫆认为樵髯"于艺术匠巧嬉游之事，靡不涉猎，然皆不能穷竟其学"。作者鞭辟入里的"画外音"，更点明了主人公不同寻常的个性特点。

无论古今人物传记和新闻人物通讯，在对话和引语的使用上，以及作者和记者在作品中有时站出来说话，都是塑造人物形象必不可少的手段，使用得好会起到事半功倍的奇效。对话显示人物个性色彩，引语映衬人物风貌，作者或记者站出来说话，是对主人公形象的着意提升。但是，对话和引语，以及作者"台前旁白"，或曰"画外音"等，都应该高度凝练，既要与人物身份、性格、所处情态相符，又要有一定的浓缩提纯，需要尽力达到简短、简洁而有张力的效果。数量上，对话和引语可相对多些，而作者站出来所说的话语则不能过多。如何使用得好，则视实际需要而定，切不可机械操作，因语害意。

而且要强调的是，无论是对话还是引语，以及作者站出来所说的话语，都必须建立在可爱、可敬、可信的基础之上，可以提炼概括，但不能生造，更不能虚高。

技巧四：会表现让人物"神"起来

新闻写作的最好选择是"表现"而不是"陈述"。美国哥伦比亚大学教授麦尔文·曼切尔在《新闻报道与写作》中告诫说："记者的第一个写作信条也许是：要表现，不要陈述。"对于新闻人物写作来说，要让人物活起来，更是要多用表现性语言，少用或不用陈述性语言。

表现性语言能够再造人物活动环境。在"活"的环境里，人物才能"活"得更好。而陈述的语言则不同，那种平铺直叙、板结生硬的抽象语言，不仅让读者受众处于消极被动地位，而且会使人物在僵化的语言环境里变得没有生机。

表现就是再现，就是场景回放。原本是个什么情景，当时处于怎样一个状态，通过生动的描写，再现一个人物生活的情景，让读者处于生动鲜活的活动性场景中。

情景再现的表现手法就是"具体"，一具体就生动。所谓具体，既本来是什么样子，就照那个样子去描述，描写得跟当时的情景十分贴切，情景再现，如在目前。也就是说，具体能再造环境，描述会激活人物。艾丰在《新闻写作方法论》中也说："具体不是抽象，具体不是概括，具体更不是空洞。具体就是原原本本地说出或写出事物的具体情况。"

陈述性语言体现的是抽象和概括，过于密集会给人一种空洞的感觉，而抽象、概括和空洞的语言环境会使新闻人物窒息。原原本本的具体场景的再现，能让人物有个自由游动的空间。

美国著名记者雷迈尔·莫林在一篇消息中具体再现了一次会议欢腾热烈的场景："一位农场主用一块红色大印花手帕扇着他的脸；而另一位在欢呼时噼噼啪啪地拍打着他绿色的裤子背带，以此来代替鼓掌……"用红色的手帕扇着脸，在欢呼时噼噼啪啪地拍打着绿色的裤子背带，这些都是具体的情景，具体的描写，寥寥几笔，场景活现，因描述而激活，因具体而又灵动，比用"掌声雷动""全场欢腾"要热烈得多、欢快得多。

《红楼梦》再现具体场景的描述很多，其第四十回就有一个"笑"的经典场景描绘，同样是因为表现得格外具体可观，而显得异乎寻常的精彩。那是"活宝"自来熟的刘姥姥，为了博得"老佛爷"的欢心，在贾母面前，故意自嘲式地说道"老刘，老刘，食量大似牛，吃个老母猪，不抬头"，而且又鼓腮弄鼻做鬼脸，引得众人先是发怔，后来上上下下爆炸性地哈哈大笑起来：

> 史湘云撑不住，一口饭都喷了出来；林黛玉笑岔了气，伏着桌子叫"嗳哟"；宝玉早滚到贾母怀里，贾母笑得搂着宝玉叫"心肝"；王夫人笑得用手指着凤姐儿，只说不出话来；薛姨妈也撑不住，口里茶喷了探春一裙子；探春手里的饭碗都合在迎春身上；惜春离了座位，拉着他奶母叫揉一揉肠子。地下的无一个不弯腰屈背，也有躲出去蹲着笑去的，也有忍着笑上来替他姊妹换衣裳的，独有凤姐鸳鸯二人撑着……

一个又一个不同的笑态再现，契合着不同人物的身份、气质、个性，情态各异，互不雷同，虽是一大段描写，但不流于空泛，因而成为极其经典的"笑"的场景的具体描写。

小说用的是表现性语言，而不是陈述性语言，针对的是群体大笑的场面。对于主要人物，则一个人物一个人物去写，一个动作一个动作描述，一个形态一个形态展现，就是次要人群，也是既具体又概括，即有"无一不弯腰屈背"概括，也有"躲出去蹲着笑"的，也有"忍着笑上来替他姊妹换衣裳"的，全都因为具体而形象，因为形象而使各个人物神气活现，活脱脱一个笑之百态，一个笑的场景大比拼，从而成为场景描写上的绝妙经典。

新闻语言也要具体，要学习文学笔法，用具体的描写让新闻人物"活"得更好。文学能做到，新闻也能做到。不是吗？因为"好官""好公安局长"任长霞突遇车祸不幸殉职，人们为之悲伤欲绝，泪洒嵩山，《百姓心中的丰碑》里有着众多关于"泪"的描写，同样因为具体而感人。如"老上访户张生林老汉未语泪流，泣不成声"；如"一提及'任长霞'三个字，刘春雨还未开口就失声痛哭，泪滴像断了线的珠子洒落在她手中的作文簿上——《我心中一盏不灭的灯》"；还有"陈秀英将任长霞的遗像捧在怀里，泪流满面""满头白发的韩素珍说起任局长老泪纵横""第一次听到任局长遇难的消息，王小伟抱头痛哭""任长霞的妹妹任丽娟翻看着姐姐的照片，眼里闪着酸楚的泪光""任丽娟镜片里的两窝泪水在盈盈晃动""政委刘丛德把头埋入双手，声音哽咽"，杨玉章"这位剽悍的铁血汉子硬是半分钟没说话，生生把将要流出的泪水憋了回去"……

与上述群体大笑的场景描写类似，此番因心生悲痛而挥洒泪水的种种情态描写，也因为各个人物的性格、性别、年龄、职位等不同，表现出不同的哀伤形态。这种不同的流泪画面，通过具体而真实的描写再现出来，让种种流"泪"的人物形象，更加生动和感性，似乎能够神奇地感受到他们悲痛欲绝的样子，场景历历在目，感人至深。

不妨比较一下，在具体的描写中，"未语泪流，泣不成声"是悲，"未开口就失声痛哭，泪滴像断了线的珠子"是悲，而"把头埋入双手，声音哽咽"，以及"剽悍的铁血汉子硬是半分钟没说话，生生把将要流出的泪水憋了回去"，而"埋"和"憋"的具体描述，比之泪流满面、失声痛哭则更为悲切。假如不是具体地描写，而是一味地悲伤啊、痛苦啊、流泪啊，那还有什么人物形象的鲜活呈现，还怎么让人物"神"起来呢？要知道，同样是流泪，多年冤屈终得以伸张的受害人与家人的悲伤流泪会有所不同，最无助的老上访户会因为失去最可信赖的靠山而大悲失声，而家人因为爱怨交加则会泪水盈盈凄楚无比；同样是流泪，男子汉与女人的表现形态会有显著不同，陈秀英"泪流满面"，韩素珍"老泪纵横"，而王小伟则"抱头痛哭"，政委和硬汉杨玉章则"把头埋入双手"，或"半分钟没说话，生生把将要流出的泪憋了回去"；同样是流泪，大人与小孩也会形态各异，大人要么失声，要么号啕，而孩子的"泪滴像断了线的珠子洒落"下来。由此看出，记者的成功就在于，在塑造人物形象上，他们围绕流泪这个感人至深的典型环境，突出典型人物感人之处，具体地写出了种种流泪情景，从而在泪水中升华英雄精神，塑造典型人物的伟岸情态。

这就是具体描写所具有的灵性。

同样是身怀治疫绝技、不事权贵的高士，"性豪宕""喜声色犬马"的陈驭虚，在方苞的笔下是"见诸势家敦迫之使麇至"，而"伏几呻吟，固却之。退而嘻曰：'若生有害人，死有益于人，吾何视为？'"何等高傲而又尽显其侠义之气。而在描写陈驭虚生活豪奢时，作者也是以具体描述来体现，即"君家日饶益，每出，从骑十余，饮酒歌舞，旬月费千金"；当太医院决定檄取其为医士时，作者则以一句概述曰："君遂称疾笃，饮酒近女，数月竟死。"在刘大櫆的具体描述下，那位"艺术匠巧嬉戏之事，靡不涉猎"，又"不肯穷竟其学""以自娱而已"的樵髯，所表现的则更为形象可爱，一是"常与里人弈。翁不任苦思。里人或注局凝神，翁辄颦蹙（蹙）曰：'我等岂真知弈者？聊用为戏耳！'"二是"诸富家尝与往来者，病作，欲得翁诊视，使僮奴候之。

翁方据棋局，哓哓然，竟不往也"。此处具体描写，所表现的完全是一个贪玩疏放、诸事不曾入心的散淡性情之人。正是在方苞和刘大櫆饱含笔墨、形象而具体的描写下，两位民间名医跃然纸上，不为权贵所驱使，只为活出自我，活出尊严，活出大写的人。有所不同的是，前者更为刚烈，后者则显散淡，通过具体而神似的刻画，都那么神气活现。由此足以看出，因为具体描写笔法不同，其人物形象、格局、情趣也大为迥异，具体表现的魅力就在于此。

因而，为了文章生动，为了人物鲜活，古文大家格外注重具体描述性文字的运用，哪怕再简短的文章里，也会调动具体描述性语言，让文章和人物大显风采，令人读之如见其人，如闻其声，经久难忘。

不说别的，就说刘大櫆弟子姚鼐为恩师所写的寿序，虽然文字不长，也是极尽具体描写之功力，尽显其神情气韵："鼐之幼也，尝侍先生，奇其状貌，退辄仿效以为戏。"大凡学生对老师总有喜欢模仿者，或声音，或形体，或习惯动作，以仿效为戏，非不敬也，是为乐亦为爱也。那姚鼐对恩师尊重有加，也喜爱有加，对先生的容貌更是记忆尤深，这一点在他所作《刘海峰先生传》中也有描述，说："先生伟躯巨髯，能以拳入口，嗜酒谐虚，与人易良无不尽。"如此描述足显出神入化。先生不光身材高大，而且嘴巴也大，大到什么程度呢？能引拳入口，张开嘴巴，拳头能够放进去。再就是，先生还喜欢喝酒，而且诙谐谦和，待人特别简单良善。假如将传与所写先生寿序结合起来阅读，会更能看出姚鼐对恩师的敬佩之情充溢文中。其实真正令姚鼐为之敬佩的还是先生的学问风采，在其传与序中，姚鼐都对刘大櫆学识名望有所描述。在传中，他说先生："年二十余入京师，当康熙末，方侍郎苞名重于京师也，见海峰（刘大櫆），大奇之，语人曰：'如苞何足言耶！吾同里刘大櫆乃今世韩欧也。'自是天下皆闻刘海峰。"将刘大櫆比之韩愈、欧阳修，是方苞对同乡学子的倾情推举。这些语句在其为师之寿序中，则更为精细练达，亦可见姚鼐文字善变出彩之功力。寿序描述说："康熙间，方侍郎名闻海外。刘先生一日以布衣走京师，上其文侍郎。侍郎告人曰：'如方某，何足算耶？邑子刘生，乃国士尔！'""一日以布衣走京师，上其文侍郎"，就有了更为具体的描述，其赞语也更有依据和深意，"如方某，何足算耶？"既是谦虚，也是为荐举后生做姿态，使下面的话更为有力，"乃国士尔"，国家栋梁之材，就比韩、欧之誉有了更深一层的意义。在这篇寿序中，姚鼐还借程晋芳、周永年之口，道出了"天下文章，其出于桐城乎"的著名论断，成为影响深远的桐城派名称的由来，且以"昔有方侍郎，今有刘先生"，和作者自身的相互接续关系，表明了桐城派的文统。一篇寿序，既有思想，又见人物，生动传神，堪为新闻人物写作的范例。寿序中还写到先生"独闭户伏首几案，年八十矣，聪明犹强，著述不辍，有卫武《懿》诗之志，斯世之异人也已"。先生不光相貌奇特，其志亦坚，其学识亦深，大有周卫武公耄年犹好学之风范。更为难得的是，姚鼐进一步描述说："数见先生于枞阳，先生亦喜其来，足疾未平，扶曳出与论文，每穷半夜。"这就由远及近，由粗及细，既写先生对于桐城派的影响，又写他到老还闭户伏首几案，聪明犹强，著述不辍。最为感人的是师生亲密无间的情谊，恩师对学生的诲人不倦的特别描述，"扶曳出与论文，每穷半夜"恰似特写镜头，唯见八十老翁，须发如雪，灯光之下，孜孜不倦，其情其景，其亲其切，作者对恩师的崇拜敬仰之意尽在笔墨之中，人物刻画更是栩栩如生，格外亲昵有趣，令人过目难忘。

就笔者亲身体会而言，具体描写的表现手法运用得越充分，越能使新闻人物鲜活，越会写出生动感人的新闻作品。不妨以笔者所写两篇"退伍兵"的人物通讯而论，同是新闻特写，同样写人，一个使用了具体的表现手法，情景描写多，就显生动，而另一篇陈述多，具体情景描写少，人物鲜活度则略觉逊色。

表现手法比较多的是《古山村的退伍兵》(见1995年3月21日《人民日报》)，通讯开头就是具体描写："早春的一天，天空灰蒙蒙的，离半山腰的古山村好远，汽车就爬不动了，我们只好弃车而行，气喘吁吁地进了村。"如此拟人化描写，用汽车"爬不动了"显示了山路艰难，以"弃车而行，气喘吁吁地进了村"让记者进入了画面，亲力亲为，所说故事更有吸引力。

接下来是简短陈述，说村里有位很不幸的汉子叫汪思发，妻子8年前患肠癌去世，留下一笔债和3个孩子，哪知他又得了舌癌。去世前他专给村支部写了封遗书。通讯深情地写道：

在大别山南麓安徽省宿松县这样一个偏远贫困的小山村里，一位党员的身后事就这样托给了党支部。

党员能把身后事托付给身边的党组织，不用说，那是一种信任，自然也给新闻报道留下悬念——这是怎样一个村支部，又是怎样值得信赖的一群党员干部呢？然后又是大段具体描写，再现了村支部简陋风貌，给读者以无言的点化：

找不到支书，一村民说是去村委会了。几个孩子呼叫着头前带路，上了另一个小山头。在几排低矮的瓦房围成的小院落前，支书邓金才和几个干部闻讯出来迎接，将大家让进屋。室内挺整洁，山墙上挂着鲜红的党旗，两边贴着抄写得工工整整的入党誓词和党员标准。靠墙根放着长条椅，全部面对着蒙了蓝布的桌台，显得简朴而庄严。

看了这段具体描写，相信会给读者一个非常清晰的印象：虽然简朴，但很庄严，如同看到了艰苦岁月中共产党人信仰如天的感觉。在这样一个山村里，支书、副支书和村长都是退伍兵，当兵的到哪里都像个当兵的样子，所以这个支部是可信任的，苦点不可怕，信任大于天。通讯还交代汪思发也是一名党员，一名退伍军人，一名愿意为村民办事的人。大伙记得，他活着的时候，自开门诊，一不收出诊费，二不收注射费，困难户看病，他连药费也免了。大伙一致评他为乡优秀党员。1956年就参军的老退伍兵、老党员戴旺发流着老泪说："思发不放心的是3个孩子上学的事，咱们捐点钱，给他担起来吧！"支部对普通党员负责，更对村民们负责。后边的故事也告诉读者，困难党员能托孤，困难群众有信赖，古山村建起了像样的小学校，办起了小企业。汪思发3个孩子情况如何呢？通讯对此一样做了详实描述：

在汪思发家，记者看到他12岁的二女儿轴群在做饭，揭开锅盖见是大米煮山芋，小儿子日山叫来砍柴的大姐洁群，15岁的她算是家里的大人了。洁群说他们姐弟3人除上学之外就帮人放牛做杂活，农忙时老支书招呼人来帮忙种田，是村干部使他们有饭吃，有学上的。记者还参观了建在公路边一块平展土地上的新小学，高大的门楼，方方的院墙，前后两排 22 间瓦房，室内上有天花板，下有水泥地，玻璃门窗亮亮堂堂。

通过对村支部的具体描写，会让读者生发出一种感觉，村里虽然穷，但支部务实而又值得信赖；通过托孤党员家里的具体描写，同样会给读者一种感觉，党员的身后事真正有了着落。还有公路边新建的小学，高大门楼，方正院墙，门窗亮亮堂堂，比之那简陋的村委会，更让人感觉到村里发展定会大有希望。所以，通讯自然而然地以议论将穷山村的人物群体报道推向高潮："古山村虽处遥远大山里，但有这样一群退伍兵，距离文明富裕的新村似乎并不遥远！"事实也正是如此，古山村后来建成了新农村，3 个孤儿——老大嫁在了本村，老二上学进了城，老三后来也成了退伍兵，在村里成了响当当的富裕户。

同样是写退伍兵，因为具体描述多，《古山村的退伍兵》成了一篇可读性很强的好作品，而《从退伍兵到"钢球大王"》（见 1992 年 9 月 27 日《人民日报》），虽然也上了党中央机关报的重要版面，但因为语言文字多是陈述性的，尽管简洁而有味道，而生动可读性却略逊一筹。不怕不识货，就怕货比货。笔者两篇新闻人物作品，因为表现手法不同，效果确实很有差异。前者以场景再现式手法表现，给人身处其间的感觉，人物栩栩如生，如在目前；后者，虽然极尽陈述之能，语言凝练了再凝练，然而通篇读下来，只能是轮廓式，概念化，事情只是个概括，人物只是概念，虽是"钢球大王"，却大不如古山村的一群"土老帽"神气活现，质朴可爱。这不是人物自身的问题，完全是表现手法所然。试比较一下：

1961 年，当了 4 年大兵的陈宗明回到桑梓地石口乡。山深人穷，那时乡里算得上工厂的就是只有6个人的小油坊，陈宗明被安排了进去。他能吃苦，但又不能忍受牛拉碾、人推磨的古老作坊活计。不久，他把小油坊砸了个稀巴烂，凑钱办起了粮油加工厂，到1976年，改成了铸造维修结合的农机修造厂。

一边玩命地办工厂，一边又常挨极"左"大棒的敲打，刚过不惑之年的老陈早已华发没顶。直到改革春风吹来，他才挺直了腰，发誓以一个大兵的闯劲，去实现自己工业富乡的夙愿。

陈宗明广泛涉猎外来信息后，选准了国外号称王牌、国内无人问津的铬合金耐磨材料。

好一着险棋！而陈宗明认准这是有点现代味的工业，凭着那种军人不屈不挠的拼劲，开始了艰难的攻关。他挤进了中国耐磨材料学会，托人购买日本、联邦德国、意大利、丹麦、比利时等国的有关资料，向全国一些工科大专院校、科研单位的专家求教，行程数万公里，花"学费"12万多元。

从办小油坊到办粮油加工厂，再到选准耐磨材料厂，主人公肯学好钻，终于办成了全国名流企业，赶上世界先进水平。其间，陈宗明经历了太多太多的艰辛和磨难，为了攻克外国洋资料，他在家里苦读，在车间里研试；为了解决技术难题，他熬尽心血改工艺、试配方，白天黑夜连轴转，困了随便打个盹，竟有16个晚上没沾床板的纪录。通讯用了金子般的语言进行概述说："进入科技殿堂的人很难停止住探索的脚步。""陈宗明神了。……他的论文……获全国重大发明奖。不久前他又获省优秀专业技术工作者奖。"两种新产品"去年在全国双双获得新产品金奖""陈宗明光荣地当选为七届全国人大代表，全国乡镇企业家和中国粉碎工程学会副理事长"。不用说，文字是精练的，事迹是突出的，效益也是喜人的。最后的文字更是提神惊人，笔者也为此发出了由衷的感叹：

> 最近，陈宗明又有了新的大动作：投资 3000 万元，兴建一条由电脑监控的连铸连轧生产线，年产量提高 3 倍，产品赶上国际先进水平。退伍兵可真成了响当当的"钢球大王"呢！

不难看出，由于描述再现手法少，陈述概括性文字多，尽管一段段陈述很用心，文字也不乏精练筋道，但因为缺乏具体描写，因而就缺少画面感，少了情景再现，更少了人物鲜活性。比之古山村里的"退伍兵"，尽管"钢球大王"这位"退伍兵"事业辉煌，其人物形象所给予读者的感觉，却少了几分鲜活灵性。

可见，表现手法不到位，再努力人物也难"神"起来。

技巧五：有思想让人物"高"起来

2019 年 3 月 21 日至 26 日，国家主席习近平对意大利、摩纳哥、法国进行国事访问，《人民日报》随访记者接连发了多篇"微镜头"——国家领袖的活动特写，有《一笔宝贵的财富》《对一个国家的评价，不能只看面积》《我们对时间的理解》以及《做中意友好的桥梁》《欢迎你到中国去》等，人民日报客户端、微博、微信均做了全文推送，而《欢迎你到中国去》（见 2019 年 3 月 24 日《人民日报》）在新媒体推出时，题目改为《我将无我，不负人民》，瞬间引爆网络，全网点击量过亿,其中仅在人民日报客户端、微博、微信的点击量就超过2000万,跟帖评论近2万条。

此篇微镜头新闻,不仅仅是因为标题改得好,而是文章内容确比其他新闻思想性要高得多,特别是在人物对话活动中,突出体现了国家主席的家国情怀,使新闻作品的思想性格外耀眼,人物站点也大为不同,虽然是微镜头,却因为点亮了思想的灯盏,从而也照亮了读者的心灵,更照亮了整个世界。

这篇特写仅400多字,却巧妙地使用了引语、情景再现,以及倒叙、插叙等多种写作方法,先是抛出问题,接着场景再现,既有"全场目光注视着他"的静音处理,又有"听到众人的笑声"的动态描写,然后是简洁而有活力的语言描写,紧接着就是引语,通过对方的善意发问引出话题,跟上来是主人公振聋发聩的郑重回答,特别是通过对话大大张扬了新闻作品的主题思想,凸显出大国领袖的世界眼光和高尚情操:

"最后,我有一个很好奇的问题,不知能不能问一下?"

22日下午,意大利众议院,习近平主席同众议长菲特举行会见。临近结束时,"70后"的菲特突然抛出了这句话。

全场目光注视着他。

"您当选中国国家主席的时候,是一种什么样的心情?"听到众人的笑声,菲特补充道:"因为我本人当选众议长已经很激动了,而中国这么大,您作为世界上如此重要国家的一位领袖,您是怎么想的?"

友善而又恳切，但确也非常突然，似乎不是事先规定动作，有点儿不入常理，然而充满真情，不能够不回答，不过如何回答，足见其明达睿智及胸襟情怀，习近平主席非常诚挚而郑重地做了应对。报道写道：

> 习近平主席的目光沉静而充满力量，他说，这么大一个国家，责任非常重、工作非常艰巨。我将无我，不负人民。我愿意做到一个"无我"的状态，为中国的发展奉献自己。
>
> 稍做停顿，他继续讲道，一个举重运动员，最开始只能举起50公斤的杠铃，经过训练，最后可以举起250公斤。我相信可以通过我的努力、通过全中国13亿多人民勠力同心来担起这副重担，把国家建设好。我有这份自信，中国人民有这份自信。
>
> "欢迎你到中国去！看看一个古老而现代的中国，看一看勤劳智慧的中国人民。"

这最后一句话是诚恳邀请，也是本篇新闻"微镜头"的标题，而新媒体上的标题则改为了《我将无我，不负人民》，做了修改的标题更加鲜亮，不仅契合新媒体标准需要，也因为思想光辉的闪耀，备受广大受众倾慕。人们对国家主席的崇敬和热爱，来源于领袖对国家民族的责任担当，来源于对领袖自己，以及对国家和人民的高度自信。可以说，记者的微新闻抓住了关键点，提炼了思想，做足了文章，使报道亮丽且极富魅力。读者也会感受到，此篇报道采用了多种表现手法，当主席听到提问并做回答时，记者用了"目光沉静而充满力量"，以及"稍做停顿，他继续讲道"等具体描述性语言，所用引语，更是精练而有深度和高度，一句"我将无我，不负人民"，何等感人，何等提神；作品还引用了习主席打比喻的讲话技巧，更让引语质朴而有力度。最后落脚到"把国家建设好"，表达了足够强大的自信，从而使新闻人物尤为高大地站立到了世界舞台上。

无论是传统媒体，还是新媒体，所撰写新闻人物，都需要思想情感的有力支撑。新闻人物写作唯有突出思想性，才是人物高大坚挺的脊梁。新闻人物报道应该追求更高的思想境界。

什么是思想？思想是对人生观、价值观、世界观的具体实践和认知，是言行的准则和追求，是人物的自觉行动，是从内到外的自身修为。

当然，不同时代、不同阶级、不同派别，评价新闻人物思想优劣的标准不同。但时代性、正确性、真实性却是共同的标准。

思想性在古文中同样有着很好体现，不仅人物写作如此，其他文体也是格外讲究思想性，讲究影响力，讲究对世道人心的教化。特别是唐宋古文运动，更是把"道义"之理顶到了天上。"文起八代之衰，而道济天下之溺"的韩愈，极力倡导"文以载道"，最终才像苏轼赞誉他所说的那样，成为"匹夫而为百世师，一言而为天下法"的古文运动的领袖；桐城派推崇古文运动，提出"义理""义法"之说，追求"言之有物""言之有序"，这个"义"就是主题思想，这个"法"就是展现思想性的手法。不过，他们所说的"道"与"义"，其中心实质是仁、义、礼、智、信，当然也是维护封建统治、维系社会发展的黏合剂，是那个时期最为进步的思想武器。

因而在他们的大量作品中，特别是人物的传记、志序里，都闪耀着那个时代的思想之光。韩愈《圬者王承福传》通过人物描写，既展现了血肉丰满的人物形象，也道出了主人公"手馒衣食""独善其身"，却不愿意与"贪邪而亡道"之徒为伍的思想追求，实则是通过他人之口，讥讽了当时社会的贪邪险恶，表明了作者儒家道统、兼济天下的志愿。正因为此，王承福的形象随之"高大"起来，读者不会因为他是泥瓦匠而轻视他，只会因为他的思想境界清高朴实而心生敬意。

柳宗元的《种树郭橐驼传》也是，虽然种树不算什么高超生存技能，但其懂得"顺木之天，以致其性"的"养树"法则，在作者的提炼下，又从中折射出"养人"的深刻道理，并引申为官吏治民要无为而治，不能"好烦其令"，瞎折腾，乱扰民，以致"而卒以祸"，其人物言行警世明理的深刻思想性对当时、对后世，就是对今天也都有着非常重要的进步意义。

有思想的人物最可爱，有思想的人物最可敬，有思想的人物也会更有深远影响。同样为民间所敬重的郎中名医，因为方苞笔下的陈驭虚不仅"独有良方"，而且独有思想，认为权贵"生有害于人，死有益于人"，所以才誓死不为他们治病，不为他们所用。其思想性较之刘大櫆笔下的樵髯翁只"尤嗜弈棋""时时为人治病，亦不用意"，就是"诸富家""病作"也是"竟不往"的所作所为，要显得伟岸高大得多、可敬可爱得多。

其实，做人之情怀，为人之义理，一点美感，一丝关爱，于世有补，于社会有益，于他人有助，等等，无疑都是新闻人物的思想性，是作品应有的关注点。当然相比较而言，真正具有震撼力、有影响力、有深远影响的还是家国情怀，是浩然正气，是对社会、民族、国家有重大影响力的思想境界。

不妨以实例再做以比较。你看，同样是祭侄文，韩愈的文章《祭十二郎文》在思想性上就比颜真卿的《祭侄文稿》略逊一筹，也许这样比较似有些不妥，他们都是大家，一位是古文领袖，一位是书法魁首，一样地泣血而作，一样地倾诉真情，又一样地传世千古。然而就人物的情感追求、作品的思想境界而言，不能不说颜真卿的祭侄文更加震撼人心，其根本原因就在于那种惊世骇俗、感天动地、忠诚为国，巍巍乎重如泰山般的思想境界。

韩愈幼年丧父，由长兄韩会夫妇抚养成人，其侄十二郎是韩愈二兄韩介之子，亦过继给韩会为嗣，便从小和韩愈生活在一起。两人年纪相仿，既是叔侄关系，又亲密无间，好似孪生兄弟。其间家族屡遭不幸，灾祸叠加，人丁受害，"韩氏两世，惟此而已"，而后来韩愈进京为官，侄儿突然病故，韩愈痛失贤侄，深为痛心，泣血而呼："汝病吾不知时，汝殁吾不知日。生不能相养以共居，殁不得抚汝以尽哀。敛（通'殓'）不凭其棺，窆不临其穴。吾行负神明，而使汝夭，不孝不慈，而不得与汝相养以生，相守以死。"因而自己也"无意于人世矣"。可以说，通篇下来，作者一直在叙述自己与十二郎之间的日常生活，朴素自然，似乎与十二郎倾诉衷肠，其伤怀之切，其哀心之痛，足以令世人与之同悲。

然而与颜真卿祭侄文相比，一样的真情，一样的悲痛，而人物思想情感却似大为不同，作品感染力因而也就大有差异。颜文仅234字，追述了其堂兄常山太守颜杲卿父子在安禄山叛乱时，为社稷之安危，不顾身家性命，挺身而出，拼死抵抗，以致"父陷子死，巢倾卵覆"，其侄颜季明被叛军枭首弃尸，其兄被割舌车裂，颜氏一家三十余口遂遭灭门之祸。

这篇祭侄文有着震天动地的大背景，在此国家危亡的关键时刻，身为国之重臣的颜氏一家，为社稷着想，以身许国，表现出了忠臣良将的博大胸怀。身为重臣的颜真卿对为国捐躯的至亲兄侄，那种恸彻心肺的哀痛，已上升到了更高层面，其文章主题思想亦更为高耸云间。

要知道，"安史之乱"是由唐朝将领安禄山与史思明背叛唐朝后发动的战争，由于安史叛军对人民的残暴行径，曾引起了像常山太守颜杲卿、平原太守颜真卿以及睢阳太守许远、张巡等忠君爱国之士的奋力反抗，颜氏兄弟子侄各自死守平原、常山，张巡、许远合力保卫睢阳，其反叛斗争显示出震古烁今的浩然正气。

颜杲卿为唐朝中期名臣，初任范阳户曹参军，曾是安禄山的部下。"安史之乱"时，与其子颜季明守常山，从弟颜真卿守平原，设计杀安禄山部将李钦凑，擒高邈、何千年。河北有十七郡响应，共推颜真卿为盟主，受唐玄宗嘉许。天宝十五载（756年），叛军围攻常山，擒杀颜季明。正月，史思明攻打常山郡。颜杲卿向王承业求救未果，只得昼夜防守，孤军作战。城内兵员短少，寡不敌众，不久城破，颜杲卿被押到洛阳。他瞋目怒骂安禄山，安禄山命人将其绑于柱上，肢解并吃其肉，颜杲卿骂不绝口，叛贼钩断了他的舌头，颜杲卿在含糊不清的骂声中遇害，时年65岁。

颜杲卿忠节不屈的精神广为后世所称颂，文天祥《正气歌》有诗言为证："为张睢阳齿，为颜常山舌。"这张睢阳就是张巡，当时张巡和许远一起镇守睢阳，他切齿呐喊，鼓动杀敌，致使满嘴钢牙碎裂，最终城破被俘，至死不屈，叛军见其牙齿仅剩三颗。韩愈后来为之撰写了著名文章《张中丞传后叙》，诚祭英烈，满纸真情，写活了张巡，写活了许远，也写活了一群忠义将士。既是千古名篇，又是忠臣群雕，就群体人物写作技巧而言，在后边还有专门研讨。

那时颜真卿任平原郡太守，和颜杲卿一样率先反抗叛乱，而侄儿颜季明在那样的战乱年代，冒死往来于常山与平原两郡之间，察看敌情，通报消息。"安史之乱"被平定后，颜真卿才有机会派侄子颜泉明去河北为亲人收尸，结果只找回侄儿颜季明的头颅和堂兄一只脚，而不能得其父子全尸。如此为国捐躯，真可谓"粉身碎骨"，其情其景，岂不令颜真卿肝胆寸裂，于是愤而疾书，一口气写下传颂千古的《祭侄文稿》，其情惊天地，其悲泣鬼神，其痛裂心肺：

维乾元元年、岁次戊戌、九月庚午朔、三日壬申。第十三叔银青光禄夫使持节蒲州诸军事、蒲州刺史、上轻车都尉、丹杨县开国侯真卿。以清酌庶羞祭于亡侄赠赞善大夫季明之灵口：

惟尔挺生，夙标幼德。宗庙瑚琏，阶庭兰玉，每慰人心。方期戬谷，何图逆贼间衅，称兵犯顺。尔父竭诚，常山作郡。余时受命，亦在平原。仁兄爱我，俾尔传言。尔既归止，爰开土门。土门既开，凶威大蹙。贼臣不救，孤城围逼。父陷子死，巢倾卵覆。天不悔祸，谁为荼毒？念尔遘残，百身何赎？呜乎哀哉！

吾承天泽，移牧河关。泉明比者，再陷常山。携尔首榇，及兹同还。抚念摧切，震悼心颜。方俟远日，卜尔幽宅。魂而有知，无嗟久客。

呜呼哀哉尚飨！

正如文稿开头所叙，颜真卿为政有为，为德正直，为人有爱，用清酒和多种美食来祭扫侄儿亡灵，充满人间至真情义，更表明了对侄儿所寄予的厚爱，字里行间尽叙季明生下来就很出众，平素已表现出少年人少有的德行。他好像颜氏宗庙中的重器，又好像生长于颜家庭院中的香草和仙树，常让家人感到十分欣慰。正期望他能够得到幸福和做个好官，谁想到逆贼乘机挑衅、起兵造反。其父竭诚尽力，而贼臣（王承业）拥兵不救，致使孤城被陷，"父陷子死，巢倾卵覆"，颜杲卿和儿子及家族人等先后被杀。如今迎回的只是装着颜季明首级的棺木，"念尔遘残"，想到侄儿遭此残害，竟寻不得全尸而回，何等摧切，何等震悼！老天爷啊！面对这样的惨祸，难道你不感到悔恨！是谁制造了这场灾难？念及季明遭遇如此残害，就是一百个躯体岂能赎回侄儿的真身？

此稿是在极度悲愤的情绪下所书写，用笔之间情如潮涌，其书法气势磅礴豪放，而文章更是气吞山河、旷古未有的英雄史诗，于字字血泪中昭示着主人公忠肝义胆、气贯长虹的思想光辉，因而短短一二百字，就将人物形象塑造得顶天立地、高耸人间。与韩文相比，虽然同是祭侄，同样倾情，但颜文其情中又有忠烈，有"逆贼间衅，称兵犯顺"的重大背景，又有"父陷子死，巢倾卵覆"的天大悲烈，还有"携尔首榇，及兹同还"的泣血现场，怎能不令作者和读者"抚念摧切，震悼心颜"，仰天长啸，慷慨悲歌？其人物形象在长泪挥洒中自然会巍乎高哉。

对此，欧阳修赞曰："余谓鲁公（颜真卿）书如忠臣烈士，道德君子，其端严尊重，人初见而畏之，然愈久愈可爱也。"苏轼亦盛叹："诗至于杜子美，文至于韩退之，书至于颜鲁公，画至于吴道子，而古今之变，天下之能事毕矣。"可见，思想性之于文学、新闻，甚至书法作品是多么重要。

由此得出，有思想才能让人物"高"起来！

技巧六：多手法让人物"灵"起来

文学作品之所以能够创造出众多可爱的人物形象，一个重要的原因是它拥有多种文学表现手法。新闻不是文学，但在写作上无疑可以借鉴文学表现手法。

特别是新闻人物写作，虽然不能如文学人物那样去写，但在细节、结构、语言、表现、思想情感等方面，都可以借用文学表现技法，把新闻人物写得活灵活现。

文学表达技法包括修辞语法等多种写作门道。修辞手法是为提高表达效果在语言写作时的综合表现。修辞是一门学问，值得新闻工作者钻研掌握，最常用的有比喻、比拟、衬托、对比、反问等，还有借代、设问、排比、夸张、引用、歇后、象征等。总之，修辞表达手法千变万化，不应为文学所专属，为了写出栩栩如生的新闻人物，不妨多些丰富多彩的"文艺心"。

事实是，从古至今，为了让写实人物"活"起来，人们一直在努力运用修辞语法等种种文学笔法，如同戏剧舞台上的人物会装扮得丰富多彩一样，在人物传记以及新闻人物采写上，用心用情用意地创造出了众多名篇佳作。

《百姓心中的丰碑》为什么会令人不忍释卷，除了主题重大，在表达手法上，也处处显现着文学写作的笔法。比如，悬念元素，还有夸张、比拟、衬托、象征等手法都不止一处使用。且看通讯写道，在回放任长霞葬礼录像资料时，最先映入读者眼帘的是，"一幅落款'老上访户'的巨幅格外引人注意，一头挂着的那包药来回晃动，尤为显眼"，然后才叙述"那包药"背后的感人故事，此处就是先有悬念之设，后是倒叙之法，比之那直接叙述要生动得多、精彩得多。比如，英雄人物也会流泪的叙述，同样是先道出"任姐走了这么久，这个画面还老是在我眼前晃动"。什么画面呢？记者恰到好处地使用了悬念手法，然后再叙述过往的事情，道出了"女人泪窝浅"的故事及其深意。

长篇人物新闻可以运用多种文学方法，人物短篇也一样可以使用一些有效的文学技巧。只要有利于突出人物形象，突出新闻的主题思想，尽可以创新手法，灵活机动地加以渲染描写。

2019年10月22日，《人民日报》发表了一篇人物通讯，标题为《为百姓，他不曾犹豫半分》，开头就与众不同，因为写得灵动，手法多变，既细腻入微，又富有悬念，在排比、衬托、比拟、象征手法中格外引人入胜。费伟伟为此给予了很高评价。且看报道是这样开头的：

> 宛云萍的生活，和丈夫李夏殉职前几乎没有差别。一样去上班，一样照顾女儿，一样给李夏发消息告诉他生活的琐事。不同的是，那个人，再也不能给她回复。
>
> "妈妈，我只知道爸爸长啥样，都记不得爸爸的声音了。"望着女儿纯真的脸庞，宛云萍眼里噙满泪水。她掏出手机，打开自己和李夏的聊天记录，将他过去的语音一点点放给孩子听。听着李夏熟悉的声音，宛云萍觉得，李夏仿佛还陪在自己和女儿身边。

费伟伟认为，这个开头很质朴，故事不仅契合主题，而且镜头感很强，层次清晰，细节丰满。他还引用有关人士的评价说，契合主题的故事选取和一笔一画的细腻描写，更能看出作者花费的心思不少。当然，这种心思大都体现在修辞手法上，有"一样……一样……一样"

的排比，也有隐语"再也不能给她回复"，还有象征"仿佛还陪在自己和女儿身边"，正是这些恰当的修辞手法，才达到了一笔一画的细腻描写。人物描写靠手段，讲求修辞和语法的精准运用，就是最得力的描写工具和手段，不懂得修辞和语法的妙处，就难以做好人物的形象塑造。文学手法离不开修辞和语法的巧妙运用，新闻写作同样离不开修辞和语法的巧妙运用。

此稿是篇追忆性新闻人物报道，记录的是安徽绩溪县荆州乡纪委书记李夏在一场台风中因公殉职，年仅 33 岁。短短的生命里程中，他扎根基层 8 年，走过两个乡镇，再苦再难，总是冲在前面，从来不曾犹豫半分。他爱百姓，更爱妻女。他不幸走了，妻子宛云萍却一如既往地保持着跟丈夫的"联系"，还把以往与丈夫的聊天语音一点点放给孩子听。记者抓住这一点，倾注心血地描写，同时又代入了自己的深切感受，以一幅幅真切画面，将人物行止摆在了读者面前，如此触目可及的场景，实在是让人泪眼模糊。

开头一半文。起笔不同，更看描写功力。难能可贵的是，本文两位《人民日报》记者一位下分社不足一年，另一位更短，才满月有余，两位年轻记者一点也不打怯，以自己的深入采访，以及细腻的现场体会，写出了叫得响的人物通讯，稿件一开头就得了个"迎头彩"。这样的巧妙开头，就含有精巧灵性的悬念手法，并以冲突、插叙进行强化，在逝者已去，却一如日常的强烈对比语境下，使人物形象更加感人至深，鲜活如常。

新闻人物理应如此写作。

也许正因为运用了多种文学笔法，看似闲笔较多的《古山村的退伍兵》，比那只运用了一种对比衬托手法的《从退伍兵到"钢球大王"》要美妙得多，人物也更丰满可爱得多。古山村的老兵退伍不褪色，一人为众人，众人帮一人，齐心战贫困，虽穷苦却不显其孤，就是那看上去极为简陋的村部，也显示出强胜的韧力。正是这样一群退伍兵，一直保有军人勇往直前的精神，给穷山村带来了积极向上的新气象。作品既有现场细腻描写，又有夸张比喻等修饰手法，还有对比衬托等技巧，可以说是多种文学手法，才写活了穷山村里的退伍兵。相比较，成为"钢球大王"的退伍兵，因为表现手法单一，似乎使人物形象缺少了些许灵性，令精致的人物特写大有失于生硬呆板的缺憾。

然而，哪怕就是只用了一种对比手法，也让后一篇人物生动高大了一些。且看：

著名专家周平安年初从美国和加拿大回国后，欣然接受了安徽省宁国县（1997年撤县设市）耐磨材料总厂的聘请，于8月19日从北京来到皖东南山区，担任这家乡镇企业的总工程师。

短短一句开头语，巧妙地运用对比，就衬托出这家乡镇企业的不同凡响，也为后边人物"钢球大王"的身份做好了铺垫。接下来又引用周平安的话进一步点题说：

"我了解这个厂，了解厂长陈宗明。老陈志在'创世界名牌产品，当世界名牌企业'，不愧为'钢球大王'。我愿在有生之年助他一臂之力。"

专家都想给他当助手，那主人公高大上的头衔岂不名正言顺起来？无疑正是这种对比映衬手法，让新闻人物陡然生色，语言中也透出了空灵，阅读起来便多了美感。

当然，文学还可以使用景物描写、细节描写、肖像描写、心理描写、语言描写、场面描写、行为描写等，烘托突出人物形象。尽管新闻人物写作不可能照抄照搬文学笔法，但巧妙而精到地使用上一二种，或者更多一些表现手法，对于写好新闻人物，让人物在事实活动中空灵活泛起来，定然会起到"点石成金"的奇效。

在古文大家手上，同样因为突出了"对比"修辞手法，方苞所传陈驭虚就比刘大櫆的樵髯翁要高大活脱得多；因为突出了对比、冲突、夸张等多种修辞法，苏轼所写的方山子更在灵活多变的笔墨里分外侠义强悍。对比中，陈驭虚于"京师每岁大疫"中，一方面是"仆某遭疫，君命市冰以大罂贮之，使纵饮，须臾尽；及夕，和药下之，汗雨注，遂愈"。另一方面则是"见诸势家敦迫之使麇至。使者稽首阶下，君伏几呻吟，固却之"。方苞的仆人不幸染疫，名医陈驭虚都能立马赶去诊治，而诸势家权贵派人磕头相请他却不理不睬，此等气节尽在对比描写中自然高大空灵起来；对比中，樵髯翁也多了许多美感，但较之对比中灵动起来的陈驭虚，却显出了些许单薄，这不是作者的笔力问题，而是具体事件上的比较所然。且看樵髯翁比较出的是"时时为人治病，亦不用以为意"；诸富家尝与往来者，病作，欲得翁诊视，使僮奴候之。"翁方据棋局，哓哓然，竟不往也"。这樵髯翁在对比中所凸显的是"嬉戏"，那陈驭虚在对比中所彰显的是"尚其志"，可以说人物的思想境界大为不同了，那灵性的意义自然会有天壤之别。而那苏轼笔下的方山子，同样多处使用对比和冲突、夸张手法，更为巧妙地写活了一位义士、侠士、隐士形象。从大的方面来讲，是方山子少时喜慕游侠义士，稍壮则欲驰骋当世然终不遇，晚乃隐遁逃避于山林；从小的方面说，则有少时"用财如粪土"与隐士所居"环堵萧然"，以及"世有勋阀，当得官；使从事于其间，当显闻"与"皆弃不取，独来穷山中"，可谓对比强烈，夸张有度，在顺叙、倒叙、悬念，以及不断铺垫蓄势中，又以对比、夸张多种修辞手法，将一个见心灵、见性格，形象丰满的，特殊背景下的历史人物，活灵活现地展现在人们面前。

修辞是文学和新闻学中不可或缺的重要手段，搞好新闻人物写作，必须要有些修辞功底，这方面古今皆然。新闻有必要向古文学习，把修辞更好地运用到新闻写作之中。这方面，成功的范例很多，每一篇名作都有着值得深入研究的妙处。其实，不仅多种修辞手法，就是简简单单的人称代词的语法运用，都充满着奇妙的法力，既是文学作品必不可少的神器，也应该是新闻人物写作的神器。在人称代词上，有各类经典作品，许多新闻作品，特别是人物写作上，都有可资效法的名篇大作。

比如"第一人称"，这是一种最直接的表达方式，说的都是自己亲身经历的事，讲的都是自己的切身感受，更具真实性、故事性，也会更加动人。第一人称还可以省掉许多不必要的过渡，使作品简洁流畅，更富真情实感，更易唤醒读者内心共鸣和思考。

这种手法虽然在新闻作品中较少使用，但偶有运用，却也能增加奇妙效果。2019 年春节前后，中央各大媒体，包括新媒体普遍开展"新春走基层"报道活动，同台竞技，高手云集，可谓是各展其能的新闻大赛。活动结束，中宣部为此组织了评选，党中央机关报年轻记者王锦涛的一篇《本分实在传家久》（见 2019 年 2 月 7 日《人民日报》），技压群雄，获得新闻人物一等奖。

此篇佳作所用人称表达手法就是"第一人称"。

论理记者春节返乡看新风，指令围绕"家风"做文章，一般会写别人，记者也找了个典型人物，但是那人深谙媒体套路，故事讲得顺溜，细节也算丰富，然而记者"落笔却不顺"，整来整去找不到感觉。为什么？因为那位"典型人物"过于老套刻板，话语没了新鲜感和亲切感，点燃不起来记者的写作激情。

写不下去不硬写，记者索性关上电脑，去菜市场买菜，在那里，记者无意中看到一位行动干练如自己母亲的中年妇女。只见电灯下她一麻袋接一麻袋从车上往下卸洋芋，鬓发泛白，汗珠闪烁，额头布满皱纹。他蓦然想到了勤劳一辈子的母亲，想到了母亲对自己的教诲，对全家的奉献。那一刻，记者一股写作冲动从心底涌起，要书写自己的母亲，书写母亲身上所蕴含映现着的良好家风！

于是，冲动打开了思绪的闸门，键盘上流淌着记者对母亲的绵绵深爱：

　　一进腊月，母亲就开始掐着指头算日子，盼着我和弟弟回家过年。母亲一生都在乡下，没有多少文化。对于日新月异的社交通信，她始终处于手忙脚乱的学习中，就连用微信打视频电话也是最近才掌握。她知道我是个记者，却并不清楚记者具体都干啥，只晓得要采访写字。所以，她很少给我打电话，生怕打搅了我的工作。

　　今年回家，母亲不知从哪里知道了新闻诈骗的说法，突然对我说："从根子上讲，你还是农民。老话说，人哄地一时，地哄人一年。你干的工作我不懂，但应该也是这个道理。要说实话干实事，千万不要偷奸耍滑。咱家祖上都是老实人，吃过亏但没害过人。"听母亲这么说，我先是吃了一惊，接着又暗自慨叹，原来这人世间，母亲的话真深刻，真有力量。

"第一人称"发挥了魔力，通讯句句都是深情。这样的写作方法，不需要琢磨如何编排故事、如何使用词句，说的都是自己渗透在血肉里的情怀，写的都是打胸腔里泉涌出来的话语。对母亲的深爱，对生活的感悟，对亲情的挚热，尽情地泼洒在键盘之上。另外，由于运用了第一人称，又是写自己亲爱的母亲，写打小生活的那片土地，记者遣词造句，笔力洒脱，好像玩起了从小的黄泥巴，那种不假思索的灵巧、发自内心的真情，就活泼泼地跳动起来了。所以记者不是用电脑在写，而是敞开心扉在倾吐，面对亲人在诉说。后来他在体会文章《要写实，更要写意》中说："写作中，每一句，我都按天水话（母亲娘家）的句式和韵律写。方言如何说，我就怎么写。一边写一边哭，任由泪水在脸上流。数次中断想放弃，哽咽无声，怕吵醒了妻子。半夜4点多，终于写完最后一个字。这短短1500字，似乎用尽了我所有的气力。"

记者感受最深的是，作家追求的是写活，作为记者，唯有真实才能写活。新闻写作就是建立在扎实的写实之上的"艺术品"。所以，记者密实地写母亲的生活亲历，写她去泉边推水，艰难地一路爬坡，"夏天太阳毒辣，汗水滴在厚厚的浮土上，能听着响。冬日里三九天，铁把手上的寒气，透过劣质的线手套直往心里钻"。不过，在记者看来，"做文章，要写实也要写意，世态人情要深蕴其中。要写'故乡人多地少，山地尤其贫瘠，收入微薄'，也要写'人人活得高贵，精气神饱满'，更要写'母亲相信社会光明，相信勤劳致富，相信本分实在才能传家'"。所以，母亲的每一句话、每一个行动，都给自己的人生打下厚重底色，都对家人有着深厚影响，都是最为可贵的美好家风。

就这样，"第一人称"让记者王锦涛大获成功。

同样地，"第二人称"也让记者刘裕国获得了好评。

2013 年 3 月 27—29 日，《人民日报》连续刊登了记者刘裕国采写的三篇报道四川甘孜州道孚县瓦日乡原乡长菊美多吉的通讯，这组报道在写作表现手法上大胆创新，全部以第二人称叙事，整个儿营造了一种报道者与主人公直面沟通、相互诉说的亲和氛围。在首篇《忠诚像雪山一样圣洁》中，记者构思精巧，层次清晰，先写菊美多吉如何扎根高原的，以三个排比句，即"面对艰苦，你没有离开过高原——""面对危险，你没有离开过高原——""面对疾病，你没有离开过高原——"，形象而简洁地写出了主人公对高原的热爱和奉献。接着叙写菊美多吉为牧民谋福利，具体推进落实"牧民定居和帐篷新生活"民生项目，其中几句概括性描述，简洁而又明快：

> 你带领干部，辗转雪山，饿了就啃口干粮，渴了就喝口河水，深入牧民帐篷，讲政策、做宣传，常常一待就是一天。
>
> 在你的努力下，龙灯乡按时完成了"牧民定居计划"，拉日村还成为四川省牧民定居示范点和四川省省级文明村。

最为动情的还是通讯的第三部分，集中叙写菊美多吉生命的最后一刻，是主人公的"最后一刻激情燃烧"，更是记者笔墨真情的集中体现。这一部分全为短式句子，可以说，一句一段，一段一事，一事一泣，句句段段，如泣如诉：

农牧区多少群众说，你是个大忙人，一年到头奔跑的脚步不停息。

住上定居房，后续发展成了当务之急，牧民们的心思被你一眼看穿。你想出了"卧圈种草"的好点子。

你带上帐篷，带上干粮，带上水壶，和畜牧局的同志策马奔驰在草原。你的足迹遍布龙乡495平方公里的牧场。看现场，做规划，选圈址，定草场……春夏多养草，冬季多储料，让牦牛越冬照样长膘。"卧圈种草"让每户牧民年均增收一万元。

你刚到扎托乡的时候，国家实施农村电网工程。为了早日启动项目，你带领测量队，背着几十公斤的测量工具，每天走20多公里山路，汗水湿了衣背，双脚起了血泡。

你像一只被鞭子抽打的陀螺，全身心旋转，无愧地扑向大地。

要知道，菊美多吉患有严重的高血压病，医生曾经向他咆哮，说："那么高的血压还在这儿玩命！"但菊美多吉像一只被鞭子抽打的陀螺，一刻也不停地扑向他所热爱的草原。他终于坚持不住了，他终于倒下休息了，可那是再也起不来的安息。记者浓墨重彩地记录了这一天的悲壮情景：

2012年5月18日……早晨……

上午……

中午……

下午……

忙到晚上8点，乡亲们留你吃饭，你却急着赶往县城……

就这样，你在老乡家里吃了两个韭菜包子，喝一碗霍麻汤，又赶往道浮县城。等忙完这件事，已近夜里12点，你对司机扎西多吉说："就在车上凑合吧，天一亮还得赶回乡里。"

这是一位基层干部真正的陀螺式的工作节奏，这是一位严重高血压患者的不要命的节奏，这是记者也要为之惊叹呐喊呼唤的节奏，果然，记者倾情泣血地慨叹道：

你太累了，和衣躺在汽车后排座上。早晨6点，手摇经筒的老阿妈从车边过，转经筒的"呜呜"声惊醒了扎西多吉，却没有唤醒你。此时，你的手，比夜还要凉。

你被送到医院抢救……医生说你是突发脑溢血，大约凌晨两点就不行了。

你在连续拼搏了16小时后，交出了生命的最后时刻表。

你用挑战生命极限来书写忠诚，向党和人民交出了完美的答卷。

你的生命虽然短暂，但人生的句号画得圆满。

如此写来，打破了习惯性思维方式，以第二人称的反复出现，直接与主人公对话，充满了对菊美多吉的无限怀念与款款深情。如此写来，泣血诉说，令读者为之泪目，更使菊美多吉的故事陡添哀婉，倍加感伤，愈为感人。

在刘裕国看来，记者要勇于创新，典型人物写作尤其要善于用独特的视角去看典型，用比较新颖的笔法去写典型。他说，记者要有创新思维，要尝试多种写作方式和表现手法，力求使典型人物报道在思想、语言等方面有新意，使读者爱读。刘裕国成功地实践了自己的创新意识。

"第一人称"使人信，"第二人称"使人亲，殊不知还有两者结合交替使用的，如韩愈《祭十二郎文》者，仿佛作者当面向十二郎倾诉衷肠：

......

呜呼！吾少孤，及长，不省所怙，惟兄嫂是依。中年，兄殁南方，吾与汝俱幼，从嫂归葬河阳。既又与汝就食江南，零丁孤苦，未尝一日相离也。吾上有三兄，皆不幸早世。承先人后者，在孙惟汝，在子惟吾，两世一身，形单影只。嫂常抚汝指吾而言曰："韩氏两世，惟此而已！"汝时尤小，当不复记忆；吾时虽能记忆，亦未知其言之悲也。

吾年十九，始来京城。其后四年，而归视汝。又四年，吾往河阳省坟墓，遇汝从嫂丧来葬。又二年，吾佐董丞相于汴州，汝来省吾，止一岁，请归取其孥。明年，丞相薨，吾去汴州，汝不果来。是年，吾佐戎徐州，使取汝者始行，吾又罢去，汝又不果来。吾念汝从于东，东亦客也，不可以久，图久远者，莫如西归，将成家而致汝。呜呼！孰谓汝遽去吾而殁乎！吾与汝俱少年，以为虽暂相别，终当久相与处，故舍汝而旅食京师，以求斗斛之禄。诚知其如此，虽万乘之公相，吾不以一日辍汝而就也！

......

全文使用了第一人称与第二人称,"吾""汝"自然交呼,吾如何如何,汝如何如何,声声对诉,仿佛是作者当面跟十二郎对话,虽絮絮叨叨,却如彼此倾诉衷肠,怨怨艾艾,叩案而唤,戚戚切切,声声泪,字字血,字里行间充满无穷思绪,无限情浓,何等哀伤,何等悲凄。读之令人肝肠寸断,涕泪横流。苏轼故而评价说:"读韩退之《祭十二郎文》而不堕泪者,其人必不友。"

为什么这些名品佳作会如此感人,为什么那么多人物会永存读者心间,就因为作者写作用心,文字含情,运笔有神,恰到好处地运用了多种优美的表达手法。

有所不同的是,新闻的生命源于生活,记者不光在写作上要不断创新,不懈追求,而且更重要的还在于深入生活,以深切的体验感悟,独特的视角发现,饱满的情感挥发,才能采写出富有个性、饱含时代烙印的好作品。因而,我们要说,新闻的生命,新闻人物的活力,来自记者永不重复的个体创造,更来自记者对生活无可替代的挖掘采撷。

技巧七:融手法让人物"潮"起来

前边所说的都是传统文字上的人物写作技巧问题,面对新媒体、新技术的蜂拥而至,在互联网为典型人物宣传提供了更为广阔便捷的舞台上,如何运用新技能和融手法,使活着或已逝的典型人物"潮"进来。"潮"是时代特色,具有超前性和吸引力,是新媒体最易突显出的效果,因而融媒体中的新闻人物,必须是思想超前、引领时尚的典型人物再现。

通常的中外新闻写作方法论中，以及上述所探讨的方方面面的技巧，都是讲得如何把人物写"活"。可以说，从古到今，无论中外，在新闻纪实人物的写作上，最高追求就是要如见其人、如临其境，如闻其声，通过种种写作手段和技法，把人物塑造的栩栩如生，活灵活现，真正写出有思想、有温度、有品质的作品，推出有思想、有温度、有情怀的人物。而在新媒体、新技术的今天，融媒体和网络传播，能够把活生生的人物直接摆在受众面前，比如短视频和网络专题等等，是不是就不需要讲究什么技巧，只要开动机器拍摄，即时即景即人的摄制下来就行了？面对面拍摄，面对面采访录音，是不是就不要各种有效的塑造人物的技巧，是不是由人物说说，听群众评评，镜头儿摇摇，就能够让人物活起来，或者说"潮"起来呢？其实并不那么简单。不妨以第29届中国新闻奖短视频新闻人物一等奖作品《臊子书记》为例，试释一下融媒体如何让人物"潮"起来。

这是一篇新媒体典型人物报道的短视频成功制作。

短视频即短片视频，不同于微电影和直播，不像微电影那样具有特定的表达方式，又比直播更具有传播价值，所以是近年特别为受众所追捧的互联网传播方式。随着移动终端普及和网络的提速，短平快的大流量传播内容逐渐受到各大平台、粉丝和资本的青睐，短视频在新闻人物的塑造和传播上也引起广泛关注和探索。《臊子书记》即是一个典范。天津大学80后教师宋鹏为了帮助甘肃省陇南市宕昌县沙湾镇大寨村早日脱贫，积极挖掘和发展特色经济，开发独具风味、人人喜食、家家会做的沙湾臊子这一地方土特产，利用"互联网＋扶贫"，带领村民打造全链条式电商产业，因地制宜走出一条"带不走的幸福路"。宋鹏因此被授予全国脱贫攻坚奖"创新奖"。一直关注宋鹏的天津津云新媒体视频团队，经过艰苦而深入采访制作的短视频新闻一举获得中国新闻奖最高奖，创造了传播累计过亿的曝光量，以及全国各平台访问量超过 2000 万"刷屏"记录。

宋鹏是 80 后，又能够使用"互联网＋扶贫"，是挺"潮"的新闻人物，所以津云新媒体视频团队在采访制作上，力求使用网民喜闻乐见、轻松易懂、能够引起共鸣的网言网语，突出了年轻人的"萌"和"燃"，使人物真正彰显出时代之"潮"。在这里，"潮"与"活"恰切对应。"活"靠采访和文字功底，在塑造典型人物上运用各种写作技巧，再现典型环境中的典型人物，让生活中真实的人物成为作品中活的人物。而新媒体必须运用融手法，既要直接面对典型人物，用镜头和新技术记录他们，又要讲究写作和制作技法，结合上述各方面塑造人物的技巧，才能真正让人物"潮"起来。"潮"起来才能"活"起来。《臊子书记》是"潮"起来的新闻人物，所以才是"活"起来的新闻人物。在这里，人物的"潮"表现在其自身的行为中，更表现在融媒作品中，还表现在采访者深厚的文字功底里。

新媒体贵在新，更贵在文字功夫的实。融手法要与新技术融，更要与扎实的传统表现技巧融。《臊子书记》靠新媒体之融，更靠深入生活之采，还靠文字脚本之好。事实上，从古至今，好的文字范本就是时下新媒体的最好文本，那些再现手法强的作品，无论多么古老，在新媒体时代都能制作成最佳短视频。可以想象，如果遇上新媒体，韩愈笔下的王承福就能够制作成非常"潮"的短视频新闻人物作品，因为《圬者王承福传》就是功夫了得的拍摄脚本，精彩的文字已经提供了足够的画面感，人物的思想尽在言行之中，稍加拍摄制作，再加上点儿融手法和新技能，就会因为十分新潮而更为鲜活；柳宗元所写郭橐驼也是画面感十足，而且幽默风趣，充满网言网语之感的名品，如制作成短视频相信更吸引人、感染人；还有方苞笔下的陈驭虚与刘大櫆所写樵髯，如果照本拍摄制作，融合创新，定是既"潮"又"活"典型人物。

有所不同的是，新媒体短视频多用于短平快的人物塑造，由于内容较短，可以单独成片，特别适应于新时代快节奏的新闻舆论工作。那么对于重大典型人物的报道，短视频还有无用武之地呢？其实也是可以的，只不过是需要制作成系列报道，分时段、分步骤加以推介。如前所述公安局长的楷模任长霞、一级英模李素珍，如果使用回放方式，精心制作成系列短视频无疑同样感人。此处不对重大典型人物的新媒体制作作深入探讨，只就新媒体短视频等短平快制作加以研究，同时结合传统文字功底在人物塑造上的技法，试述融手法如何让人物"潮"起来。就是说，写"活"新闻人物，与制作"潮"味十足的新媒体人物，在道理和方法上大有相通之处。因而，借鉴传统写作技法，对照融媒手法，辩证而深入地分析《膊子书记》的成功经验，对新闻人物既能够"潮"起来，又能够"活"起来，必定同理贯通，相得益彰：

一是精心策划——以主题、结构和思想撑起"潮"人骨架。

如前所述，古今人物写作都特别讲究结构、主题和思想性，结构是骨架，主题是脊梁，思想则是灵魂。结构和主题不结实或不明确，人物就"立"不住，更"站"不好，没有灵魂更是站立起来也没什么光彩可言。新媒体人物短视频等新闻产品也是一样，不是架起拍摄机器，把人物活动如实记录下来，人物就能有声有色，有血有肉，活灵活现，要让人物"潮"起来，还必须让人响当当得活在时代环境里。说句玩笑的话，拍摄下来的虽然是活人，但不一定会活得令人喝彩。要让人物活得好，"潮"得起，就必须在占有一定材料之后，首先要建架构，立主题，凝思想，三者同步进行，才能为融媒体产品找准路子，让人物成为可视、可亲、可佩，又"潮"得可爱的大写的人。也许有人会说，新闻报道不能主题先行，其实一些人物报道，特别是新媒体人物报道，有时还真要先找到思想的支点，然后再通过主题的创立去组织制作产品结构。思想和主题是一致的，思想和结构也是不可分的。《臊子书记》创作团队后来在体会文章中就谈到了他们找思想支点、搭框架结构，以及点燃思想灯塔的艰辛过程：

> 2019 年是我国打赢脱贫攻坚战三年行动的关键之年，数以百万计的扶贫干部奋战在第一线，宋鹏身上折射出的奋斗精神是广大扶贫干部的集中表现，他探索的扶贫模式正是习近平总书记倡导的"可以发挥互联网在助推脱贫攻坚中的作用，推进精准扶贫、精准脱贫，让更多困难群众用上互联网，让农产品通过互联网走出乡村，让山沟里的孩子也能接受优质教育。"（见 2016 年 4 月 19 日习近平《在网络安全和信息化工作座谈会上的讲话》）

> 该短视频获得人民网、新华网、央视网等中央媒体和新媒体的转载，数以万计网友纷纷点赞，称该作品有思想、有温度、有质量，点亮了扶贫工作思路，创新了扶贫工作的模式，同时把中国青年积极向善、扶困向上、担当向实的精神面貌生动展现。

不难看出，正是因为学习了习近平总书记关于互联网在助推脱贫攻坚中作用的重要讲话精神，宋鹏扶贫工作的实践就多了新时代的光彩。所以，2018 年 7 月，就在宋鹏 3 年扶贫工作即将结束的前一个月，一直关注宋鹏扶贫事迹的天津津云新媒体视频团队再次来到甘肃陇南大寨村，意在通过宋鹏人物塑造，反映扶贫干部群体的榜样形象。因为长期关注宋鹏，又有了"互联网＋扶贫"的新思路，新媒体团队集中笔墨技巧和融媒手法，重点聚焦宋鹏的扶贫思路，宋鹏的扶贫故事，宋鹏的扶贫前瞻性谋划，打造全新的时代"潮"人。在宋鹏看来，大寨村没有任何产业，年轻人都出去打工，留守儿童问题重重，长大也只能再去打工，这是个死循环。宋鹏用两年时间为大寨村建立起来了一条比较成熟的结合本地经济的电商产业链，让百姓日常生活的食品变成最美商品，又在荒地和山坡上都种上了优质梅花椒或油橄榄，为大寨村长远发展奠定了基础。论理，宋鹏扶贫已经取得了重大成绩，但他想的是作为扶贫"第一书记"，仅仅搞几个项目还不行，按总书记话说，还要把人的教育搞好，让下一代不再被贫困所限制。在他的引导支持下，孩子们走进了学校，年轻人走进了培训中心，村民们眼里真正燃起了向往未来的光亮。宋鹏觉得自己的工作终于成功了，大寨村的死循环解开了，贫困将不再成为下一代的负担。思想照亮了思路，主题撑起了结构，津云新媒体团队于是沿着这个架构展开——主人公有想法，利用"互联网＋扶贫"开展工作；主人公有思路，用创新思维激发年轻人创业动力；主人公有担当，两年任期结束后主动延期一年……由此折射出宋鹏"心系人民、爱撒乡村、无愧青春，不负韶华"的情怀。这样一个顶天立地的扶贫干部，在那样艰苦的地方成就了一番事业，岂不"潮"得高大，"活"得靓丽？

二是精心制作——以语言、细节和表现手法丰满"潮"人血肉。

在人物写作上，要让人物活起来，须在语言、细节和表现手法上下功夫，语言是人物的声响，细节是人物的血肉，表现手法则要使人物变得有声有色，而在新媒体时代，三者有机结合也才能使新媒体人物"潮"味十足。虽然短视频能够让受众很容易见到真人，虽然短视频也找到了主题，构思了框架，有了相对高大的思想，那还不足够让人物"活"起来和"潮"起来，还必须在具体的制作中，以典型环境下的典型语言、生动细节和独到表现手法，才能塑造出特定的人物形象，让视频镜头中的人物"潮"出与众不同的独特风采。古今人物通过语言、细节和具体表现，无不塑造了特有的人物形象，王承福"独善其身"的人生真谛，郭橐驼"顺木之天"的治民之术，陈驭虚"君与贵人交必狎侮"的高傲，以及苏轼所写风流隐士方山子的清高，还有刘大櫆笔下"不肯穷竟其学"之樵髯的散淡等，无不是通过语言、细节和具体表现手法再现人物形象，如果是制作成短视频，同样要与文字表达技法相结合，才能让那一个又一个特定人物"潮"出特定的时代特色。津云新媒体团队采写制作《臊子书记》时清楚地意识到，宋鹏是一个新时代青年教师，有闯劲，有激情，有智慧，也清楚要真正帮助乡亲拔穷根，就得让自己变成村民的自己人，然而理想很丰满，现实很骨感，接连不断的小挫折，让他明白了必须扑下身子，从一点点小事和实事做起，取得村民信任才能走进人心，扶起雄心。新媒体团队也正是抓住一个又一个细节，用一个又一个具体表现手法，加上富有特色的方言，还有网民喜闻乐见的网言网语，才让新时代的扶贫干部"潮"出了时代味。新媒体团队在《短视频＜臊子书记＞凭啥摘得中国新闻奖一等奖？》体会文章中说道：

比如第一天开展工作前，信誓旦旦要变成当地村民的自己人，结果马上就遇到了各种小挫折，油亮的皮鞋踩了一脚泥，被小狗吓到，还有因为语言问题沟通不便引发的幽默小桥段等。不同于其他扶贫题材的沉重，我们通过轻松诙谐的纪实风格，让观众一下被吸引，也对宋鹏这个人物顿生好感，另外也通过这些场景来让观众了解扶贫工作的不容易，起到一语双关的作用。

拍摄视频是需要脚本的，细致入微的脚本写作才是视频成功的基石，而这个脚本只有扎实的采访和厚重的文字功底才能完成。短视频的成功再次证明了这一点。新媒体制作团队在塑造人物时充分注意到了细节、语言和情景再现，通过短视频回放，看到那亮皮鞋"扑"地踩进泥水里，小狗"汪汪"吓到人，一句"高寿了"问得老太太呆萌萌的，还有香喷喷的臊子酱的放大特写处理，以及一个五保户大爷在送别宋鹏现场，眼里含着泪水，用手轻轻抚摸车窗的现场捕捉，更有那些土得掉渣的乡间俚语，与特别现代的网络言语相对照，就让人物"潮"得活灵活现，"潮"出了受众钦佩喜欢的味儿。由此想到前面所析笔者两篇人物短章，如果结合新媒体短视频制作，《古山村的退伍兵》由于在细节、语言和表现手法上比较到位，就会比回归纪实上稍稍欠缺的《从退伍兵到"钢球大王"》要鲜活而"潮"得多。所以，无论是传统媒体新闻人物的写作，还是新媒体新闻人物的制作，都必须在厚实的文字功底上，通过融媒手法，在思想、结构、语言和细节再现等等方面下足劲，才能真正使新媒体人物血肉丰满的"活"起来，也声情并茂的"潮"起来。

三是精准传播——以新技术、融手法渲染"潮"人传播效果。

精妙的传统文字人物新闻靠打磨，精彩的新媒体视频人物新闻也要靠精细的融媒手法制作，以及更为精准的网络多渠道快速传播。文字上的打磨关键在"磨"，这个"磨"贯穿采写的全过程，采写前的思考，采写中的咀嚼，写作后的修饰。"磨"也就是"养"，古人为文重在养气，孟子曰："我善养吾浩然之气。"韩愈《答李翊书》曰："古之立言者，则无望其速成，无诱于势利，养其根而俟其实，加其膏而希其光。根之茂者其实遂，膏之沃者其光晔。"唯其养之足，气之盛，气盛而文则美。精美的文字也才能传世久远，精美的文字新闻人物才会栩栩如生。新媒体时代的人物短视频，也要学习借鉴古人人物名篇，以及优秀新闻人物的精细追求，用更为精准的融媒手法制作出叫得响的绝妙融品。

精准的融媒手法和传统文字人物新闻一样，应该贯穿于新媒体采写的全过程，应该养其气，憋足劲，提起神，用尽心力将人物视频制作成足以"爆棚"的神品。《臊子书记》就是如此打磨出的神品。津云新媒体一直想拍摄一部能够反映其扶贫心路的短视频，此可谓采写前的思考之深；在与宋鹏一起挨门挨户走访，并进行 3 天的调查沟通和头脑风暴后，决定制作出"网感"十足的短视频，此可谓采写中的咀嚼之细；为了拍摄制作出真切感人的新媒体人物作品，记者兵分几路，到村里随机采访村民，采集到很多原生态的画面和声音，在此基础上，又巧妙地运用 MG 动画、3D 建模、卡通弹幕，以及短视频左下方设计的日记本，无不显示出重要时间节点，精彩生活瞬间，从而大大增强了短视频新闻人物的鲜活性，此可谓采写后的修饰之精。在津云新媒体摄制团队看来，创作好的作品，就需要用心体验，用情感悟，有新思维还必须要有真感情。他们在《用心用情讲好扶贫故事》总结文章中讲道：

　　为了让视频更感人，编导组把拍摄脚本修改了一遍又一遍；为了让画面更立体，许多镜头摄制组拍了五六遍；为了让特效更饱满，制作组尝试了十余种办法……，凡人在基层，大爱撼人心，有温情、有细节、有故事的优秀短视频，就需要这样的工匠精神——用眼发现，用情感受，用心制作。

　　精心制作让新闻人物成为富有引领时代精神的"潮"人，精准传播让新闻"潮"人影响力更足。据悉，微视频《膫子书记》通过津云客户端、津云双微、"天津发布"、北方网等平台推出，人民网、新华网、央视网、长江云、长城网等30多家中央、省级新闻网站和新浪、搜狐、今日头条、腾讯等商业网站进行转载，一时形成新媒传播潮，真正让膫子书记成为新时期的"潮"人，也让精心制作的微视频，成了新媒体人物采写制作上的经典范例。

四、写"活"新闻人物，最关键的要落脚于扎实采访

写"活"新闻人物（包括拍摄"潮"人）需要技巧，但技巧终归只是一种手法，新闻人物的根基是生活，打动人心的力量在真实，要把新闻人物写"活"，最最重要的还是取决于扎实的采访，要到生活的深处去采撷表现人物的生动素材，以及汲取提升人物精神风貌的文化底蕴。

当然，任何新闻事实的报道都要采访，从大的方面讲，采访是所有新闻报道成功的基础。所不同的是，根据以上阐述，在新闻人物报道的采访上，有必要围绕几大技巧展开，所有的采访活动要重点围绕细节、语言、思想等深入挖掘，虽然文章结构、表现方式、文学手法等看起来属于纯技巧问题，然而落实到新闻人物写作和制作上，同样取决于采访的成功与否。

细节在生活中靠挖掘，人物语言以及描述性语言，还有人物思想等，都要在采访中认真体会，包括文章的结构、表现方式和文学手法运用等，也要以所掌握的素材，以及情感积聚去选择。任何新闻人物写作，都不可能在没有获得足够多的素材之前就设计好结构和表现方式，以及用什么手法去描述，更不能在没有深入采访的基础上就决定使用什么细节、语言，提炼什么思想等。因此说，没有扎实的采访，要写"活"或拍"潮"人物，根本是不可能的。

《新闻写作教程》就强调："没有适当的调料，厨师技术再高恐怕也做不出味道可口的佳肴。没有当事人的陈述，没有个人的观察，没有细节，作家本领再高写出的文章也是枯燥无味的。"他说的"作家"在这里就是记者。在他看来，记者要写"活"和拍摄好人物，就必须拿到足够多的"调料"，即素材，而最管用的素材，就是当事人的陈述、记者个人的观察，以及亲身体验等，其目的就是抓细节，捉语言，提思想，找方式，出精品。

如果多说几句，采访不仅是寻找"适当的调料"，而且更像极了建筑屋宇大厦前的备料，如果不准备好足够而适当的建筑材料，那梁、柱、础、脊、椽、瓦等还没备齐，结构装饰美化又从何谈起？当然与此比喻所不同的是，建筑是先有图纸设计，而新闻写作和融媒产品必须是先有材料积累和情感积累，然后才会有好的写作设想。没有深入扎实的采访，要想写好新闻，写"活"和拍好人物，只能是无源之水、无本之木。

问题是，在写"活"和拍好人物上，如何进行采访才有效力？也就是说，结合前面所阐释的人物写作、制作技巧，采访应该有个什么样的路线图和程序表？怎样才能更有针对性地将典型人物的采访报道进行到底？

第一是听取当事人陈述

采访好当事人，是记者需要研究的首要重大课题。世上事，最难的是跟人打交道，采访新闻人物也是如此。特别是典型人物，因为所处环境不同，成长经历、个人认知上有差异，他们会表现出各种各样的形态。有的采访对象交流起来很容易,还会揣摩记者心理,问一说三,滔滔不绝,专挑你需要的事情说,大道理一箩筐一篓子的;有的却天生一个闷葫芦,做得好,心里有,就是说不出;有的则拒人千里之外,做了也不愿意说,反正不想去做宣传。

这些问题都是采访人物时容易遇到的,是对记者最大的挑战和考验。那么,如何在短时间内与当事人沟通,让当事人愿意说出心里话,说出许多记者想知道、写作上又管用的材料,确实很值得好好思考琢磨。

其实与人打交道并不难,采访当事人先要研究当事人,了解当事人基本信息,知道当事人处事特点、生活习性、所处基本环境信息,知己知彼,才能更好地与当事人打交道。其次,当然也是最重要的,就是要走进当事人的心里,真心实意地与当事人共同相处,真真切切地体察当事人的情感世界。只有走进当事人的心里,才能得到鲜为人知的情节、生动真切的语言、内心世界深处的思绪,也才能先打动记者自己,再写出活灵活现的人物,或拍摄成有声有色的新媒体人物,最后去打动可爱的读者受众。

为什么方苞笔下的陈驭虚那么鲜活可爱?就因为他与当事人有着非同寻常的交往,那是心与心的交换。一位达官权贵请也请不去的民间良医,却乐意为方苞的仆人治疫;死也不肯入宫廷当御医,却情愿与一介书生以心相交;家有万贯不吝惜,却只求在世上留有青名。

　　君之杜门不出也,余将东归,走别君。君曰:"吾逾岁当死,不复见公矣。公知吾谨事公意乎?吾非医者,惟公能传之,幸为我德。"

当陈驭虚决定以死抗拒权势者的要挟时，他想到的是与方苞说说心里话："我不过一年就要死去，不能再见到你了！你知道我恭谨地对待你的用意吗？我无非是个医生，只有你能替我作传，希望我能受到你的恩惠。"陈驭虚是作者的好朋友，他不仅是医者，而且精于医术，"不乐仕宦"却"隐于方"。他行医是为高尚其志、固守情操，最终为避权势，竟然"一愤而死"。如此名士早已走进古文大家的心里，也让古文大家深切了解到名士不为人知的高贵气节。所以，方苞不是用笔写作，而是文自心底涌出，那人物自然会活跃在他的笔下。

为什么韩愈《祭十二郎文》传世千年？那是血浓于水的祭文，是割舍不断的亲情，是撕心裂肺的呼喊。文章既没有铺排，也没有张扬，作者善于融抒情于叙事之中，在对身世、家常、生活遭际朴实的叙述中，表现出对兄嫂及侄儿深切的怀念和痛惜，一往情深，感人肺腑。可以说，韩愈之文从头至尾都在叙述自己与十二郎之间朝夕相处的日常生活，以及极愿相互照应，长久生活在一起，然而又因为功名不得不天各一方，如此矛盾、无奈、悔恨的心理情态，更使得笔尖含悲，痛彻心扉。全篇无奇文异句，无慷慨悲歌，有的只是叔侄间说不尽、道不完的家常话，而正是如此悲从心出的亲情诉说，才更能打动他人。

文学创作上有种说法叫"体验生活"，体验者，身体力行，即长时间生活在一起是也。唯此才能写出高质量的文学作品，写活优秀作品中的人物形象。而像韩愈、方苞所写对象者，何止是体验，那是生命中最为重要的组成部分，其文不是在创作，而是不吐不快的内心倾诉。

新闻不是文学，新闻采写也不同于文学体验，不可能为了写作一个典型人物去长时间地"体验生活"。古文中许多大家的人物名篇，也不全是长时间生活在一起才写出的，就像韩愈《张中丞传后叙》，柳宗元《段太尉逸事状》，还有曾巩《越州赵公救灾记》等，那些人物在古文大家的笔下，都是生动鲜明的人物形象，事迹感人，性格分明，传扬千古。其实，这些古文中的典型人物的典型故事，无不是古文大家们辛辛苦苦"采访"得来的。韩愈写张中丞就有"愈尝从事于汴、徐二府，屡道于两府间，亲祭于其所谓双庙者，其老人往往说巡、远时事"；柳宗元写段太尉亦有"宗元尝出入岐周邠斄间，过真定（宁），北上马岭，历亭障堡戍，窃好问老校退卒……会州刺史崔公来……备得太尉遗事"；曾巩写赵公救灾更是"予故采于越，得公所推行，乐为之识其详"。古文大家们对人物事迹的采集，可谓是不怕千难万险，不畏千辛万苦，其求真求实、求鲜求活的精神实在值得好好汲取。这些在以后的研究著述中，笔者都会进一步分析探索，和读者一起分享。这里重点要说的是，由于新闻时效性上的特殊要求，记者不仅不能"慢慢体验"，而且是必须要在短时间内写出鲜活丰满的新闻人物。那么，最最重要的是尽快打开当事人话匣子，尽可能多地了解当事人的动人故事、心理活动，以及感人事迹，因而必须尽快成为当事人最为信任的朋友。

唯一的办法是，拿起真诚这把钥匙，打开当事人的心门。

《人民日报》年轻记者叶琦曾经写过一篇业务研讨文章《写人物，在"走心"》。文章说："带着心去聆听、去感受，才能真正走进当事人的世界，产生精神的共鸣；只有'走心'，才能写出有血有肉的人物和故事。""走心"让记者取得了成功，他所采写的《这门"亲戚"走了四十年》（见 2014 年 6 月 20 日《人民日报》），故事鲜活生动，语言明快简洁。三代人，一个字，情；三代人，一件事，"走亲戚"。三代人形象鲜活，如在眼前：

> 早上不到7点，安徽和县林业局干部海涛就将4棵果树送到
> 了香泉镇徐桥村村民张可田家，交代过"栽种窍门"，不顾雨正大，
> 匆匆赶回相距30多里的县城上班。
>
> 从县城到香泉，张可田这个"亲戚"，海涛已走了几十年。
>
> "海伯一家真是好人，我们不是亲戚，但比真亲戚还亲。"张
> 可田说。
>
> 张可田今年67岁，他口中的"海伯"，是海涛的父亲海伟峰。
> 20世纪60年代末，海伟峰到村里蹲点，认识了22岁的孤儿张
> 可怜。
>
> 张可怜的母亲、父亲分别在他5岁、12岁时离世，姐姐被人
> 抱养，村里人给他起名张可怜。海伟峰抽空就到张可怜家看望。
> "我家几间草屋，又脏又乱，他来帮洗啊抹啊，给我煮饭，还把
> 我的名字改成了'张可田'。"晚上海伟峰常和张可田同睡在铺着
> 稻草的土炕上。
>
> 蹲点到期，依依不舍的张可田挑着海伯的行李，送了30多里。
> "有时间勤到我家跑跑，我也会常来看你。"海伟峰一句话，承诺
> 了几十年。
>
> ……

这是通讯第一部分，小标题是"比真亲戚还亲"，第二部分的小
标题是"一直当他是我老大哥"，说的是海伟峰儿子海涛与张可田的
故事，第三部分"将这门亲戚一直走下去"，讲的是海涛女儿对张可

田的情谊,"从我记事起,我就把可田大伯当自己亲大伯,我和爸爸会将这门亲戚一直走下去。"最后,通讯以大视野做结,记者写道:"说起现在马鞍山市正在开展的党员干部和贫困群众'走亲戚'活动,海涛觉得特亲切。"因为他从自己一家三代人与张可田老人的情义,深刻感受到"'走亲戚'不是单方面的干部帮群众什么,必须是相融的,这样相互之间都更容易接受,也才能长久走下去。"通讯不长,仅1200字,但每个片段都充满着画面感,人物性格非常鲜明,人物言谈举止彰显着灵气,稿件一见报就得到方方面面好评,并获得了人民日报社好稿奖。

因为"走心",才有了三代人与张可田一家的"亲戚"真情;也因为"走心",记者才采写出有精气神的新闻人物。在叶琦看来,故事的核心是人,人物形象丰满了,性格立体了,故事才能真实生动。所以采访中,记者用心聆听主人公的故事,仔细观察采访对象的表情,体会他们的喜悦、感动、悲伤。记者说得好,鲜活的故事,无须矫揉造作;走心的采访,无须装腔作势。摘下耳机,带上耳朵去聆听,张可田和海家人的"讲述"就可以直击人心。好故事自己会说话。记者把采访素材整理出来,原汁原味地引用采访对象的话语,把故事写活了,人物自然也就活了。

所以说,"走心"是写"活"新闻人物的难得法宝。记者为"走心",往往会花费许多心力。这方面的事例好多。2005年中宣部推出全国典型人物四川凉山彝族自治州木里藏族自治县马班邮路乡邮递员王顺友,他二十年坚守初心,一人一马行走大山深处,让邮路畅通到最为偏远闭塞的地方,带去了信息也带去了信任。就这么个可爱的人物却有个很不可爱的毛病——不爱说话,不是一般的不爱说,由于长期一个人生活在深山里，平时只跟马对话，只对大山喊叫，就是不愿也不会跟人说话。

《人民日报》记者盛若蔚接受了采访任务，第一关就是如何让当事人开口说话。未出发之前，记者了解到这一信息，同时也了解到，王顺友喜欢喝酒，喝了酒"闷葫芦"会变成"话篓子"。于是平常不怎么喝酒的记者特地从北京带了瓶"二锅头"去，抽空儿与王顺友对酌起来。王顺友喜出望外，觉得遇到了老伙计，几杯老酒下肚，就向记者侃起了大山，谈了很多心里话，也谈了很多别人难以得到的素材。随后几天里，记者不光伴随王顺友走邮路，还跟着王顺友顺路去看望他的老父亲，在老人家里两人接着喝酒聊天，二锅头喝光了，就喝啤酒，推杯换盏，促膝长谈，真正是走进了王顺友的内心深处，最终写出了《二十年：大凉山上的铿锵承诺》（见 2005 年 8 月 3 日《人民日报》），成为读者交口称赞的好通讯。后来，记者在采访体会中说，正是真心去"走心"，才有了心贴心的情感交流，才使得记者从震动到感动再到激动，最后写出了足以打动人心的典型人物。

毋庸置疑，"走心"是写"活"人物的"金钥匙"。对此，笔者亦十二分赞同，可以说，自己每一篇成功的人物报道背后都有着"走心"的深深体验。正因为用心"走心"，不仅写活了一个又一个新闻人物，也与许多所采写过的人物，成了时常往来、无话不谈的好朋友。古山村的村支书，"钢球大王"陈宗明，几十年当成"亲戚"走，遇到重大活动报道，需要找基层或企业家谈体会、说看法，往往一个电话就解决了。这样的新闻人物既活在新闻作品里，更活在记者新闻生涯里。

问题是如何走进人物的"心"？上面说的王顺友是不大好走进

"心"的新闻人物，但现实中也有嘴皮子特溜的新闻人物，话语随口来，恰似没心没肺的竹筒子。对待这样的采访对象，也许不太费劲，但事实的真实性又令人担忧。如何在"走心"中辨别真伪，还人物本来面目，实在是不可小觑。

记得笔者当年在省报工作时采写过《爱兮，归来》（见 1987 年 2 月 3 日《安徽日报·安徽农民报》），那是篇报告文学，有文学色彩，但全部的内容还是原原本本源自生活的新闻事实的报道，而且因为"走心"，使得颇有争议的人物也赢得了应有的尊严。

为了此篇文章，笔者真是费尽了心血，不是担心采访对象不说话，而是担心那些话来得太顺溜，不知哪些是真的，哪些还要存疑，如何在顺溜中寻找到坚挺真实的"硬核"。

那是 20 世纪 80 年代，一位刚刚富裕起来的农民，拿出全部积蓄要办养老院，说起来是件了不起的事情，他也是位了不起的人物。可是，社会上养老院办得多了，能办好的有几个？这样一位富裕起来的农民为什么要办养老院？他出于什么样的心思？他能办得好吗？连他自己也说，村里人不大相信他。然而，新闻事实的背景却特别感人，那是 1963 年，天灾人祸一齐降，这位农民到河南灵宝县山区去要饭，夜宿破窑洞，雨大窑塌，他腿断臂折，骨盆碎裂。灵宝和本县两地民政部门共同出钱，县医院不行，又到徐州大医院，不但保住了他一条命，还没落下残疾。在他心里，这是一辈子也不能忘记的事，也是心心念念要想法儿报答的恩，想要还的深情。如今，手头富裕了，就想办个养老院，没想到会遇到那么多的猜疑和不信任。这当然和他平时做事方式有关，因为脑瓜灵，点子多，话头儿稠，受了苦也发了财，许许多多的猜忌就没离开过他。平时有人就讲，他说到村东头，你最好到村西头去等着。采访中，一见面，那人就口若悬河，滔滔不绝，讲道理一堆一堆的，说故事一套一套的，记者不愁得不到素材，但是却没有特受触动的感觉，也就是说，太容易得到的东西反而生出不敢相信的心理。问题出在哪里，出在事实真相的掌握上。于是，笔者改变思路，在听了当事人叙述之后，就分别找养老院几位老人单独采访，一个人一个人地谈，一个人一个人地说故事，然后再跟当事人核实交流，而且是单刀直入，主动发问，提出一个又一个社会上的质疑，百姓的不解，以及笔者的种种担忧，让当事人跟着笔者思路走。这样做的目的不是不相信，而是找感觉，寻真相，更好地走进人物心灵深处。

因为要跟太多的人交流，那天笔者决定住下来，利用晚上的时间找更多的人交谈。当时陪同采访的县委宣传部的同志提醒笔者，说材料差不多了，县里领导还等着回去共进晚餐呢。笔者说，这样吧，让县里的小车回去，咱们在这里住一晚。后来，当年陪同采访的同志调省报工作，还为此专门写了篇文章《像刘杰那样做记者》。他说：我们一直采访到深夜，晚上，我们俩挤在一张单人床上，盖了两床被子仍然觉得冷飕飕的。那一晚上，我想了很多，明白了做一名新闻工作者，不能看重那些应酬、享受、虚名，而要付出超乎常人的艰辛和努力，用心做好自己的"功课"。其实，笔者自觉做得没有像他说得那么好，但那天正因为住了下来，有了充裕的时间和更多的采访对象交流谈心，因而抓到了更多感人的真实故事，了解到更多有关老人的孤僻性格和生活趣事，以及主人公如何与老人用心用情相处，真心实意为他们服务，既养老又暖心，让笔者深受教育，更增添了写好新闻人物的信心。

也正因为"走心"，《爱兮，归来》深得读者欢心。几乎每句话、每段文字都在与人物进行心灵互动，也是与读者心灵互动，特别是报道一开头，就把读者想到的问题都摆在了采访对象面前，一字字，一句句，往实处问，照痛处戳。其实，不是要跟采访对象过不去，也不是故意刁难，就是想把问题抖开来，不绕弯子，不扯虚，不玩哄。对这样有争议的人物，问题提得越到位，越会取得采访对象的真情对待，事情弄明了，事实会更有说服力，故事也会更感人：

谁能花两万块钱买爹娘？

他，萧县张庄寨的郭超凡能！

郭超凡"买"的不是一个、两个，而是九个。

他，把爹娘"买"进门，用整个身心去温暖他们、感化他们，用家庭的热力去聚合他们、唤醒他们，用淳厚的情感给他们注入生的血液、爱的活力。

可是，有人不理解，一开始都摆着劲儿挤对他。有人说："老头老嬷子个个像黏糕，到时候，拨拉都拨拉不掉。几万元，扔了！"有人说："这家伙鬼迷心窍，瞎摆治，挣几个钱，烧的！"

还有更难听的："他，哼！一肚子洋拐拐。他说到南地去，你最好在北地里等。"

"是呀，这次他不知又想啥巧呢？其实，几盏快熬干的灯，有啥油水？"

"想巧就上当，他真要当宋朝买爹的王华了！……"

听听，这都是些什么怪腔怪调，真是句句如冷风刺骨，串串似乱箭钻心。俗话说，唾沫星子也能淹死人，没点儿耐压性，还真难以承受呢。特别是本来就挺有争议的人，要办点事情，那瞎猜疑，乱评判，说怪话的立马就会涌上来。正因为如此,笔者在充分地采访之后,干脆就把听到的各种议论都摆出来,把各方面奇谈怪论写到位,毫不保留,毫不粉饰。这样写是不是会影响主人公的形象塑造,会不会给人一无是处的感觉!不会的,因为笔者已经摸清了底数,已经掌握了足够的材料,明白主人公是位爱说爱显摆,颇有心计,但确实也是心地善良,不做亏本的事,也不做亏心的事,而且还有着真诚的报恩思想,因而下决心落实在行动上,要办成让村民认可的事,更要做让村民认可的人。这一点,是扎实的采访给了笔者充足的底气。

无论是新闻人物写作,还是其他新闻体裁的写作,都离不开扎实的采访。这种采访必须是到一线,必须是心贴心的采访。正如此次陪同采访的同志在自己的文章里所说:他(笔者)是一个始终"在路上"的记者。与他联系,他不是在外面采访,就是在办公室写稿。他采访有两个特点,一是到第一线,二是采访新闻当事人。我多次陪他采访,每到一地,当地领导热情介绍情况,提供文字资料,他并不满足于此,总是要尽可能地到现场,见到新闻当事人。"你说袖筒里有只胳膊,我要自己摸一摸。"他经常自嘲采访用的是"笨办法",即大量采集素材。有时为了写好一篇稿件,他往往要跑上好几天。他的稿件中,经常出现基层典型人和事,这些典型事例,都是他从采集到的事例中精选的,是最有说服力、最能打动人的事例。魏巍在写作《谁是最可爱的人》时,从采访到的20多个生动事例中只选用了3个,刘杰同样有这样的作风。

引用那么多溢美之词,是不是有点儿王婆卖瓜的意思?其实不然,还是讲采访的扎实度问题。这位经常陪同采访的同志,确实说出了根本性问题,采访有多深入扎实,就会为写出好稿子打下多么深厚的基础。但是,在此次采访中,这位同志如果执意按照县领导的要求晚上赶回去共进晚餐,那么采访将是浮皮蹭痒,根本找不到感觉,更别说写活典型人物了。笔者毅然决定留下来,和当事人做深入细致交流,从早到晚,甚至吃饭中,睡觉前,都是不停地和当事人说件件故事,道种种困苦,掏心窝窝话语,所以,稿件就敢于从问题入手,再通过主人公和他老伴的对话,说出主人公的真情实感,更可信,更能打动人,这比主人公站出来辩驳还有分量,也更能衬托出主人公丰富深刻的情感世界,以及他一往无前的高尚品格:

……

众说纷纭,风言风语,猜不透,摸不准。他到底图的啥?

图的啥?知夫莫如妻,老伴心里,透亮。那些夜,他睡在床上翻烙馍,大睁两眼望屋顶。

"这几年搞运输,三辆汽车没命跑,挣了几万元。三个儿子,盖了四处房,大儿媳孝顺,不惹老的生气,二儿子和小儿子,说媒的踢破门槛子,你,又在操哪门子心?"他闷着不答。老伴急得着火,想法子宽慰他:"还有啥想不开的,道出来!当真要窝囊出毛病来?"

好半晌,他才说:"咱家的事安了,该不该想想国家?"

这话,老伴听多了,轻松地笑,满口地应:"该,该,你要拿出一万块,上交民政所,给咱区四百户孤寡老人买年礼,报党恩,还心愿,咱依了,还不管?"

……

"我想,一万块,不拿了!"他说。

"……"老伴两眼瞪得溜溜圆。

"没人疼的孩子苦，没人养的老人惨！东庄上的老李嫂，膝下无儿女，全指望侄子养老送终。小子他，捞光财产黑了心，人死就是不送葬。孤老太婆挺在屋里没人问，手脚让老鼠全咬烂，惨不惨？！"他手捂着心口，高大的身躯直发抖，眉头拧着，眼里集聚着愤怒的火。看得出，他的心，在战栗，在流血！

老伴心肠软，泪珠子像散了架的算盘，一串串地落。

"还有前村后庄打爹骂娘的货，肝肠让狗掏了，猪嚼了！这风气，啥时变得恁么坏！"一句句挤出钢牙缝，脆嘣嘣响！

……

"我想办个敬老院，把孤寡老人接来家。活着，咱养；死了，咱葬。别让人看着没儿没女的老来苦，也给没肝没肺的不肖之辈做个样：人活着总不能光为自个儿！"他动了真情。

……

灯影里，老伴重重地"嗯"一声。

消息传出去，省、地、县、区、乡没个不支持的，令人寒心的却是少数人的风凉话。舆论像根带刺的棒，照着他的后背砸……

从办敬老院动议提出，到众人质疑，再到做通家里人思想工作，这中间既说透了好事也不是好办的，再以与老伴对话亮明了主题思想，接下来就是众多的故事铺摆，各个老人的稀奇古怪的趣事和发自内心的感激，全家人对待老人无私温暖的耐心与真诚，上上下下村里村外的渐趋理解和赞赏，特别是郭超凡对老人心贴心的周到服务与理解，让老人们真正享受到了人间大爱,整个儿使报道既厚重,又可信,还特别打动人,人物形象在波澜起伏中不断丰满鲜活起来。这一切都来自对当事人的采访,既有那能说会道的主人公的采访,又有他老伴和儿子媳妇的采访,更有八九个孤寡老人的采访,每个人都有鲜活的故事、鲜活的话语、鲜活的思想,合起来就塑造出了高大可爱的主人公形象,真正写出了一个充满善心、多被非议又撞到南墙不拐弯、实实在在的淮北硬汉子。

说到"走心",其实就是和当事人"说说心里话",采访不摆架子,不耍脾气,多进行心灵上的沟通。其方式可以有多种式样,既可以是朋友交心式的,如叶琦采访三代人四十年坚持"走亲戚"式的拉家常,也有笔者专跟采访对象"对着来"的硬磕,议的是主人公做点好事怎么那样难,看似疑怼,其实是让他倒苦水,面对这样多面性人物交流,虽然说了很多有刺激性的话,其实是在平等交换意见,是在核实事实,为他说话,替他鸣不平,所以就成了朋友间坦诚以对,那话语就变成了充满善意的钢豆子。当然还有参与式的采访,如记者采访王顺友,那样不大爱说话的主儿,就要记者使用参与式采访,和采访对象一起生活、一起做事。特别是那些没有与记者接触过的采访对象,他们难免紧张,记者倒不如与他们一起去做事情,在做的中间放松心情,敞开心扉,掏出来的肯定都是心里话,是采访中含金量最高、最管用的话。

以上说的是采访重大典型人物,写作较长篇幅的通讯或报告文学,与当事人深入交流,抓取生动素材,无疑要"走心",其实就是一些短小的人物篇章,某个侧面的人物形象,也要"走心"。上面说到的《古山村的退伍兵》《从退伍兵到"钢球大王"》等,都是笔者"走心"的结果，不然真是无法写好能够打动自己，也能够打动读者的作品。

需要强调的是，"走心"不是什么技巧问题，也不是记者与生俱来的本领，"走心"说到底是"用心"，是对新闻事业的热爱之心。有了对事业的热爱执着，用情用意，无论是采访还是写作，都会非常上心。也只有上心了，才会千方百计去"走心"，也就会打开智慧之门，做好新闻人物的采访与写作。

第二是下功夫采访好"追忆"性人物

论起"走心"，与当事人生活在一起，以及能够和当事人面对面交谈，无论多么艰难，善谈不善谈的，可信不可信的，或大或小的，通过记者各种"走心"手段，都能够打开采访对象心灵的闸门，得到写作所需的有趣细节和语言，以及有助于提炼思想的真切事实。这些无疑都是写"活"人物难得的便利条件。

遗憾的是，还有另外一种情况，那就是要采写的当事人不在了，记者无法直接跟踪主人公，无法与当事人面对面交流，无法得到第一手材料，要写"活"人物无形中就增添了诸多困难。

这样的事情会经常遇到。

许多英模的事迹就要靠"追忆"式采访去报道，怎样写好已逝典型人物，也就成了记者必须认真面对的问题。县委书记的榜样焦裕禄是，公安局长任长霞是，一级英模李素珍是，以身殉职的李夏也是。

这些已逝英雄在记者的笔下都被写"活"了，其秘诀是什么呢？

其实没有什么秘诀好说。如果要说有，那也是个"笨办法"——挖掘，挖掘，还是挖掘。

一是尽可能多地挖掘第二手材料，即寻找与当事人最亲近的人，比如亲属同事、工作中接触最多的人，他们的感受最直接，最真切，最有说服力和可信度，最能透视人物的心理情愫。

就成功的已逝典型人物报道而言，第二手材料是写"活"人物最有用的材料。穆青写"活"了焦裕禄，戴鹏、徐运平写"活"了任长霞，刘杰写"活"了李素珍（见笑，有自吹之嫌），入职不久的两位年轻记者写"活"了李夏，无不得益于第二手材料，即采访了典型人物的同事、亲友等最亲近的人，从他们那儿得到了丰富而有用的"活"素材，给新闻报道增添了充满血肉活力的细胞。

焦裕禄不让女儿看"不花钱"的电影，自己和家人不准享受任何特权；为任长霞"送行"，母亲让长霞妹妹捎上"带不走的手机"；作为妻子、母亲、女儿，任长霞、李素珍对家人的亏欠和内疚；扎根基层 8 年的李夏，既把群众当亲人，也不忘时常和妻女聊天视频。如此等等的生活细节，生动故事，感人话语，无疑都是最能激活人物的情节，让人物亲切可感。这些材料无法从当事人口中得到，但却会永久地留在他们的亲人和身边人的记忆当中，记者由此突破，定会挖掘采撷到最能打动人心的素材。

二是第三手材料也不可忽视。许多东西恰恰在远一点的人那里珍藏着，作者眼光放远一点，会得到意想不到的收获。记得在采访李素珍英模事迹时，笔者意外得知一个细节，即与李素珍好像不搭嘎的一个人也在李素珍生病时送来了鲜花。为什么会送鲜花？与李素珍有什么交往？送花的背后有没有故事？笔者不愿放过任何可供挖掘的线索，辗转好长时间终于找到了送花的人。原来那是花店女老板，得知李素珍生病住院，就忙不迭地带上鲜花去看望。她对笔者说，李素珍是好人啊，本来素不相识，就因为以前李素珍常来花店为单位买花，看花店太偏，生意难做，她问女老板："咋不找个好点的地段呢？"女老板说："难呀，人生地不熟的。"李素珍说："我来帮你打听打听。"不久就帮忙找了个挺好的门面，为当时困难中的花店带来了阳光雨露。女老板感恩李素珍，所以要给"好人"送上自己深深的祝福：

> 去年9月，安徽省合肥望春花店经理杨金菊发现，来买鲜花的人一下多起来了。一问才知，常青镇派出所户籍民警李素珍病倒了，人们要把盛开的鲜花和美好的祝福送给心爱的民警。

看看，正是这个意外得来的故事，笔者拿来写到了人物通讯的开篇处，也让报道一上来就给读者带来了悬念，带来了阅读欲望和美感。如果忽略了"第三手材料"的捕捉，那岂不是一种遗憾？

不怕用不上，就怕抓不到，为了写"活"新闻人物，还是要多些挖掘，挖掘，再挖掘。凡是能得到的线索都要想办法去挖一挖，凡是能找到的有关人员，都要尽可能地当面去谈一谈，凡是能到的现场都要亲自去再走一遍，意外的收获往往就在那最后一公里，说不定最有用的素材藏在那最容易忽略的地方，所以要特别告诫一声，功夫不会白费的，记者就是要舍得拼。

还有一点挺重要，也挺有意思，那就是可以把第二手材料或第三手材料变成第一手材料，给人一种就在当时现场的感觉，让事实在人物的活动中充满活生生的魅力，为再现场景、活跃人物增强感染力。比如，记者在采写任长霞事迹中，有这么一个细节描写，即"在回放4月17日任长霞葬礼的录像资料中，一幅写有'痛悼亲人任长霞'，落款为'老上访户'的巨幅挽幛格外引人注意，一头挂着那包药来回晃动，尤为显眼"。如此描写，就特有现场感。什么现场？葬礼的现场，其实葬礼早已过去一个多月，记者是在任长霞不幸因公殉职一个多月后，才来到登封追寻英雄的足迹，听老百姓们含泪讲述长霞的故事，也才写出了特别感人的新闻人物。就这个细节而言，是记者把已经过去的现场又再现给了读者，他们是通过回放录像得到的，这一点很重要，如果不是回放，那只能是叙述，而叙述就成了过去式，回放则是现场感。现场感最能打动人，这个现场是记者通过回放录像达到了最好的效果，如果不是回放资料，那就失去了最好的凸显人物的素材。还有年轻记者写活已故典型人物李夏，一开始展现的是李夏爱人的视频回放，通过回放他和爱人以及孩子的视频，展现英雄人物的绵绵亲情，那同样比直接叙述描写要生动得多、感人得多。这些都是记者在采访中的用心之处，即不放过任何能够写活人物的最佳手段——生动的现场，鲜活的材料，哪怕是英雄已逝，也要千方百计寻找能够"回放"他们活动情景的材料。当然，不止"回放"，还会有各种各样的手段，只是要求记者开动脑筋，勤于观察和思考，尽力挖掘那些能够写活人物的永不消失的活材料。

第三是沉到现场体验观察，在感同身受中寻找最动人的情景

无论是采访当事人，还是采访"追忆"性人物周围的人，记者都不能忽略了现场观察感受，这是采访中的"撒手锏"，任何时候都要牢牢抓在手上。

到现场是第一位的，到了现场还要调动敏锐的观察力，调动起深刻的感受力，深入现场，还要沉浸到当时的情景中，以"回放"的心境感受体会现场的情景。可以说，现场、观察、感受，三者相辅相成，缺一不可。

《像刘杰那样做记者》一文就说："刘杰采访有两个特点：一到第一线，二采访当事人。"为什么几十年将此奉为圭臬，就是因为笔者始终觉得，记者不到现场，不与当事人打交道，不与已逝人物周围的人相交往，仅仅依据现成的材料，肯定写不"活"典型人物。

其实，到现场，善观察，多感受，这是每个新闻记者都应有的深切体验。往往有了第二手或第三手材料，要写"活"人物还远远不够，还必须到现场多观察、多感受，虽然不再是当事人当时的现场，但那里仍然留存着当事人的影子，留存着当事人的温度，与当事人共同工作生活过的人到了现场，也会激起更多曾经的思绪，从而传导给记者更多足以写"活"人物的激情。

采写已逝英模李素珍，虽然有一大堆翔实可取的材料，但笔者依旧寻着英模的足迹，几乎又走访了与之相联系的所有能够访问到的人。不仅与他们细心交谈，还要想办法到现场，在单位谈，在家里谈，在英模曾经工作活动过的各种场所谈。正是如此种种的现场交谈，让笔者渐渐深切感受出英模虽然没有惊天动地的业绩，但正是在那些平平常常的事迹中，表现出了不同寻常的思想境界和善良情怀。这种感受使笔者正确地把握了报道的总基调，从而塑造出了虽是平常但不平凡、可亲可爱而又令人崇敬的鲜活人物。

当年穆青写出具有恒久生命力的名作《县委书记的榜样——焦裕禄》，不仅到了现场，而且在那里采访生活了两个多月。凡焦裕禄所到的地方，所交往的人，他们都走到，也都采访到，还下沉到黄河洪水冲积地域，考察沙滩地和盐碱地，体验治沙种泡桐树的艰辛，听取百姓和干部的肺腑之言。那种来自生活深处的观察和感受，激起了记者磅礴真情，最终成就了这篇感人至深、催人泪下的传世作品。

《百姓心中的丰碑》的采写过程也说明了到现场观察感受的妙用，是现场氛围激活了记者的大脑皮层，调动起了蓬勃的笔墨情思。记者在体会文章中就说："在新闻实践中，不动真情，难以写出不朽的人物；没有激情，绝难写出具有生命力的佳作。"那么真情和激情又来自哪里？其实就是来自生活，来自不厌其烦地采访活动，正是无数次的交流、座谈、观察、体验，集聚了太多太厚的呼之欲出的热情。回顾《百姓心中的丰碑》的采写过程，记者深情地说道："任长霞热情对工作，真情对群众，破积案、打团伙、救人质、抚孤儿、解危难，替百姓撑腰，为弱者申冤，把无数好事善事办到了群众的心上，而群众对她则是更为纯真的回报，'把泪洒给她，把心掏给她，用口为她铸碑'。由于无法与主人公面对面地采访，我们只能通过群众的叙述来了解任长霞。可以说，每一个受访者都是流着泪向我们讲述长霞的故事，我们也是流着泪听他们讲述。"为此记者放下了大堆现成的材料，一头扎到现场，几乎找到了所有与新闻人物相关的人，真切感受到英雄爱群众，群众爱英雄，金杯银杯不如百姓口碑。于是，热情激发真情，真情点燃激情，"追忆"变成了"重塑"新闻人物，在记者眼前很快显现出一根沉甸甸、泪闪闪的感情线：长霞真情对群众—群众真情对长霞—记者真情对长霞、对读者。也显现出一个清晰的"互动"格局：长霞感动群众—群众感动记者—记者感动读者。也正是有了现场所观察感受到的浓浓真情，才有了文章开头的深情慨叹："从那悲痛凝重的氛围里，我们真切地感悟到，一个人们心目中的'好官''好公安局长'与百姓的血肉相连，感悟到'天地之间有杆秤，秤砣就是老百姓'的朴素哲理。"假如，不是记者长时间深入现场采访，不和那么多群众和干部交流，不是从现场中感受如此深情的鱼水关系，又怎能写出感天动地的新闻作品，写出那么高大鲜活的新闻人物？

到现场也是古文大家纪实写人，同时也把人物写活的一大法宝。不仅韩愈、柳宗元、曾巩如此，就是读读《太史公自序》，那里面也道出了纪实写人的诸多诀窍。首先第一大诀窍是太史公对史学的热爱，那是从祖上就有的荣光。太史公之父曾"执迁手而泣曰：余先周室之太史也"。接着又告诫曰："今汉兴，海内一统，明主贤君忠臣死义之士，余为太史而弗论载，废天下之史文，余甚惧焉，汝其念哉！"也就是说，记录好历史事实，是史学家的责任，如做不好，或"弗论载"，没有记载，甚至让史文沦为废品，那是非常可怕的事情；这就如同写好新闻人物是记者的责任一样，把今天的新闻人物写好写活，是对今天负责，更是对历史负责，不然就是失职失责，无法对历史交代。

《太史公自序》中道出的第二大诀窍是做好采写前的扎实准备，千方百计用好已有的资料。记者采写典型人物，往往事先会拿到许多资料，那些并不是一无所用，阅读到手的资料，会让记者心中有数，了解许多采访的线索，谋划出大致的采写框架。司马迁完成《史记》，写活了那么多历史人物，就是因为牢记父亲"无忘吾所欲论著矣"的嘱咐，阅读了父亲留下的大量资料，"悉论先人所次旧闻"。当他做了太史令后，又开始阅读"石室金匮之书"，即国家图书馆收藏的大量图书档案，为撰写《史记》做充分的材料准备。

更为重要的是，司马迁还做了大量实地考察，到现场成了他写作的真正动力。为此，他曾多次南下游历，先后到过江淮一带，还上过会稽山，探访过大禹曾经进去的洞穴，又到九嶷山瞻仰舜的坟墓，而后乘船到过沅水和湘水，接着又北上汶水、泗水，在齐、鲁的旧都临淄、曲阜游过学，领略了孔子的遗风，还到孟子家乡邹县的峄山参加乡射活动，接下来到了鄱县、薛县、彭城，最后经过梁国、楚国返京，在京城做了郎中，又奉命出使巴、蜀，到过邛都、笮都，以及云南昆明等地。

读书和现场游历，让司马迁集聚了史学写作的巨大能量和宏阔情怀，说到底就是在涵养浩然文气。古人写作最讲究涵养文气。苏辙在《上枢密韩太尉书》中一语道破天机："太史公行天下，周览四海名山大川，与燕、赵间豪俊交游，故其文疏荡，颇有奇气。"孟子亦曰："我善养吾浩然之气（《孟子·公孙丑上》）。"养气的目的就是要将文章写得"宽厚宏博"，把人物写得"充乎天地之间"。然"气"只可以"养而致"，养气在于读书，读史料，阅材料，当然更在于现场考察，感受现场之氛围，探究现实之真相，与各种人物相交流，提振集聚"善养"写活人物的冲天豪气。

在新闻写作中，我们往往会有如此感受，即开始采访前的迷茫，拿到材料后的不足，渐次推进的可感，现场感受的冲动，最后是逐渐聚拢起的勇气，以及贯穿始终地写活人物的文气。就这样，从无到有，从小到大，积累来自阅读材料，来自各类采访，更来自现场观察感受。在这个过程中，采访得来的细节、语言、感受，渐渐变成了文章结构的构思，表现方式的酝酿，以及思想高度的跃升，最后形成整个人物的立体气场，酝酿出人物整体形象和活跃程度。如果硬把人物采访写作分块考虑的话，那么熟知材料和各种采访约占一半，而现场观察感受则是绝不可缺的另一半。

新媒体虽然有了融媒创新技术，但同样需要到现场观察体验，唯有多观察，多体验，才能点燃制作创新的激情，塑造出有思想、有温度、有情怀的新闻人物形象。《臊子书记》摄制团队就是与主人公一起挨家挨户的走访，与百姓面对面交谈，现场体验观察扶贫干部与百姓那种水乳交融的情景，才有了强烈的制作富有"网感"作品的创新意识；也正因为与主人公共同生活，看到他撰写的满满 3 本、200 多篇扶贫日志，大家利用晚上反复翻看，发现每篇都是一个故事，饱含为民情怀，所以才有了以"扶贫日志"为主线的灵感，从而撰写出充满灵气的短视频脚本；臊子在网上卖火后，对花椒的需求量很大，主人公带领村民在荒了十几年的山上种了 1800 亩梅花椒，成了村民的"绿色银行"，山高路险，阴雨绵绵，摄制团队用麻绳将设备捆在身上，一边冒雨爬山一边拍摄和录音，徒步两个多小时到达目的地，最后呈现出一组珍贵镜头，成为收尾处主人公回顾扶贫艰辛历程、展望美好未来、呼应主题思想的唯美画面。拍摄团队因此感慨地认为：脚上沾有多少泥土，心中就沉淀多少真情。

所以说，无论传统媒体，还是新媒体，都特别强调现场观察感受的重要，就因为那是写活或制作好人物新闻作品不可忽略的重要一环。到现场能够寻觅到诸多写"活"和制作好新闻人物的生动细节，现场感受会让记者准确掌控写"活"和制作好新闻人物的各个环节，把握人物思想提炼的分寸，特别会涵养出记者震撼读者心灵的"台前独白"。恰如《百姓心中的丰碑》，在追忆重塑公安局长的楷模任长霞光辉形象中，记者时不时会站出来说话，和读者产生强烈共鸣；《臊子书记》也会通过村民之口，跟受众交流记者发自内心的赞美。

对此，有人主张写人物通讯、访问记，甚至消息报道，可以把记者自己摆进去，正如美国密苏里新闻学院写作组《新闻写作教程》所说："优秀的报道中允许作者在人类经历的可怕的事故中插入自己的看法的。"艾丰《新闻写作方法论》中也援引著名记者白夜的话说："就我们的新闻作品来说，许多记者也是把自己写进去的。这样就给人以现场感、亲切感，好像记者领着读者去观察、去体验、去思索，就会产生艺术魅力。"白夜还总结了一条自己的经验："写文章，要把自己写进去，把人家写出来。这'一进一出'，作品就活了，就有了立体感。"白夜曾任淮海报社记者，后调入苏北日报社任副总编，新中国成立后调《人民日报》任编辑。在淮海报任记者时，一次到盐河东王马庄采访，庄上瞎者颇多，得知眼珠皆为汉奸周法乾所挖，白夜义愤填膺，奋笔疾书《一盆眼睛珠》，鞭挞汉奸恶行。渡江战役开始，报社组织记者组随军采访，白夜任组长。4月21日晚，从靖江上船，直驶对岸江阴，硝烟未散，即倚马为文，连续发表《江上人》等5篇通讯，讴歌战士和船工们的英勇事迹。1978年到1988年，白夜重操旧业，先后访问了60余名中外名流，写了不少熠熠生辉的访问记。其中《韩素英的二十一次访问》获优秀作品奖，《丁玲的微笑》获《芙蓉》文学奖。丁玲为此致函白夜，赞其"是一个非常会写文章的作家"。白夜是写文章的高手，更是写新闻人物的高手，其成功诀窍就在于把自己写进去，把人物写出来。

其实，为了写"活"新闻人物，记者把自己摆不摆进去并不重要，关键是现场所获得的东西够不够多，能不能激发起记者写作的热情。如果记者已经拥有足够多的素材，如同孕妇般铆足了生产的热情，那么随手写去，或倾情制作，哪在乎自己在不在文章当中，何愁活活泼泼的"金娃娃"不呱呱坠地？

要知道，自己在文章中是一种风格，不在其中也是一种风格。风格即人，风格即个性，写作或制作出自己感受最深的，尽情展现自己的满腔热情，新闻人物自然会"活"或"潮"在读者受众面前。

综上所述，技法固然重要，而最要紧的还是采访，采访，采访。采访有多深入，报道就会有多生动，人物就会有多精彩。不妨引用《新闻写作教程》中的一段话作为结束语："写出优秀的作品并不一定需要狄更斯和海明威那样的天才。只要采访深入，就有可能写出优秀的作品来。"也就是说，只要采访扎实深入，再加上狄更斯和海明威那样的文学技巧，写作或制作的新闻作品就会更优秀，新闻人物就会更鲜活。

这里说到狄更斯和海明威，也不妨荡开去多说几句。他们一个是英国著名作家，一个是美国著名作家，虽然两人所处年代相差近一个世纪，但相同处却是都干过记者，是新闻工作让他们受到良好训练，然后又在文学创作上达到新的辉煌，可以说，新闻与文学在他们身上达到高度统一。

狄更斯19世纪30年代先后在《议会镜报》《真阳报》《记事晨报》担任记者，专门报道下议院，为下层人物说话，工作颇有成绩，写作才华进一步展现。他以写实笔法揭露社会上层和资产阶级的虚伪、贪婪、卑琐、凶残，深切同情下层社会人物遭遇，以严肃、慎重的态度描写开始觉醒的劳苦大众的抗争。新闻实践让他锻炼了写作技能，也积累了生活经验，他以生动的细节描写、妙趣横生的幽默和细致入微的分析，创作了《大卫·科波菲尔》《雾都孤儿》等十多部著名长篇小说，塑造了众多永久活跃的人物形象。

海明威更是位了不起的新闻记者和作家。他早先在美国举足轻重的《堪城星报》当记者，受到新闻写作技巧和语言运用方面的高强度训练。他清晰地记得，报社有着写作上的严格要求，其中最要紧的是，把最鲜明的观点写在前面，多用短句子，多用动词，要快，要描述，不要陈述。经过那段实践，海明威逐步形成了自己的采写风格。后来他又以多家媒体的战地记者身份，参加过第一次和第二次世界大战以及多国战场报道。海明威不仅以硬汉著称，成为美利坚民族的精神丰碑，而且以新闻式文学写作上的巨大成就，成为"新闻体小说"的创始人。他以其独特的短句式语言表达风格，直接描摹、富有特色的对话和"风格化的口语"，以及高超的写作技巧，创造了清新洗练的文体，净化了一代传统文风，创作出多部影响深远的中长篇小说，最终以《老人与海》中篇小说获得美国新闻最高奖"普利策奖"，继而又获得世界文学上的最高奖"诺贝尔文学奖"。

由此也可以说，新闻与文学是相通的，新闻可以造就文学大家，新闻也需要文学技法，以及融媒体手法。和文学一样，要把人物写活，还真少不了精心选择的文学技巧。

让我们更加努力地采访，更加用心地写作，更加倾情地创新，把狄更斯和海明威对新闻工作的热爱，对文学的创造，一起运用到新闻工作上，努力把新闻人物写"活"搞"潮"，既要写活一个人，也要努力写活一群人。

下 卷

——怎样写活一群人？

　　前面用大篇幅探究了如何写活新闻人物，也包括新媒体融媒制作，其重点就在于如何写活一个人，接下来要探究一下如何写活群体新闻人物，即重点在于如何写活一群人。如本卷篇首所说，艾丰在《新闻写作方法论》中讲道，人物通讯有写一个人的，也有写一群人的。因前面已说到融媒手法偏重短平快，此处暂不论及新媒体时代的群体人物创作。此章仅结合古今经典范例，重点说说一群人的人物通讯怎么才能采写得更好。

　　一个人的人物通讯，有写先进人物的，也有写落后人物的；一群人的通讯大多是写先进群体的，当然也有写落后群体的。本章重点研究的是先进群体人物的采访与写作。

　　和一个人的人物通讯写作一样，先进群体人物的写作，同样需要了解其特征，探索其写作方法，以及更为扎实的采访技能。可以说，两者有相通之处，也有不同之别。相通之处在共性，不同之别在个性。共性是都要想办法把人物写活，而写活都需要巧结构、善细节、好语言、会表现、有思想、多手法等技巧手段，所不同的则是要更加注重差异性，更加注重群体性，在群体中突出各自不同的个性，而不同的个性又要统一在群体性上。

　　前面列举了许多关于一个人的典型人物写作范例，而群体性人物范例也有许多，从古至今，可以说比比皆是。从大的方面来说，传世经典如《史记》就是，凡一百三十篇中，除书、表之外，本纪、世家、列传可以说都是群体人物写作典范。虽然一些篇章看似偏重一人，比如前面业已叙述到《陈涉世家》等，其实总体来看还是群体人物写作。读者所熟知的《高祖本纪》《项羽本纪》等，看似是突出个体人物，其实也都是群体人物写作，如《陈涉世家》一样，在突出个体人物的同时，还写了许多与个体人物相关的群体人物，使群体人物与个体人物相互映衬，又凸显出众星拱月之势，进而形成气势磅礴的群体形象雕塑。

《世说新语》虽是古代志人笔记体小说，因为来源于《三国志》、魏书、蜀书、吴书，同样以人物史实为主，同样可以看作纪实性文本，一样是纪实性人物通讯，有的也是群体性人物塑像。别的不说，就那"建安七子"、"竹林七贤"，虽是散见众多短篇文章之中，但各篇章间有着筋脉相连的经略，看似各个散章片段，却同样为一个群体服务，尽可以从中找到雕塑群体塑像的材料。因而在中国绘画艺术史上，后世不断有"竹林七贤"群体人物的绘画大作推出，就说明了源自史实的《世说新语》中，蕴含着群体人物活跃的基本因素。

收录到大学语文课本的《张中丞传后叙》，是古文运动领袖韩愈的传世之作，也是典型的群体人物名篇。文章以议论与叙事相结合，针对污蔑许远畏死的谬论进行驳斥，赞扬张巡、许远合守睢阳，勇敢抗击安史之乱叛军，创下"守一城，捍天下"的历史功绩。尔后补叙许远的事迹、详述张巡部将南霁云乞援不得、发誓灭贼的动人事迹，以及张巡、许远的一些逸事趣闻，总体上是为睢阳保卫战中的众多英雄人物塑像立碑，让一大群历史英雄人物，永远地活跃于精彩的议论风生和叙事描写之中。

新闻是时代的记录，通讯是时代的镜子，人物通讯更应把历史生动活泼地展现出来，而群体人物通讯特别承载着浩瀚的史实风云。随着新闻事业的发展，群体性人物通讯越来越为人所重视，许多群体新闻人物佳作不断出现，收入《中国优秀通讯选》中的就有《棋盘陀上五壮士》《谁是最可爱的人》等。这些群体性人物新作，高奏爱国主义、国际主义凯歌，在亿万读者中产生了强烈而恒久的共鸣。

党的十一届三中全会给新闻事业带来繁荣发展的新气象。优秀通讯随之如雨后春笋般出现，群体人物通讯越发百花灿烂。笔者拙作《古山村的退伍兵》亦忝列其中，短短的篇幅中就塑造出了一群退伍兵服务百姓，深得村民信任的群体形象。《人民日报》还曾经于一年中有两篇关于艰辛修路的佳作登上头版头条，两篇都是群体人物通讯。它们是安洋的《路》（见 1994 年 6 月 22 日《人民日报》），王慧敏的《太行七贤》（见 1994 年 12 月 30 日《人民日报》）。我们不妨以上述多篇古今群体人物塑造的范本为例，剖析一下关于一群人的人物通讯特征，探索群体人物通讯的采写要求，寻觅更加广阔的群体人物新闻采访与写作的有效路径。

一、群体人物通讯的特征

说到一群人的通讯写作，自然应该与一个人的人物通讯做些比较。一个人的人物通讯，即集中塑造个体人物形象，而个体差异集中表现为个性差异。个性心理特征，是一个人的基本精神风貌，重点是性格、气质和能力的总和。也就是说，采写一个人的人物通讯，必须集中精力为一个人物形象服务，所有的人和事，都要有利于这个人物的形象刻画，在所有的人和事中，体现这个人的个性特征、气质风范和超群能力。

而一群人的人物通讯就不同了。一群人，就是群体，而群体则为芸芸众生的突出代表，如同大雁飞舞，往何处去，在哪儿驻足，有头雁相领，有群雁跟随。按照词语解释，群体作为个体和普遍存在的形式，是个体有条件的特殊组合。由此可知，群体离不开个体，个体是群体的组成部分，如果以新闻采写方法而论，采写个体人物通讯的技法可以用到群体人物采写上去，而更多的还在于不同点的作用力上。这不同点就是群体的特征所在，弄清了群体人物的特征，也就便于着力群体人物通讯的采访写作了。

那么，群体人物特征具体表现是什么呢？依照现代词语解释是，其特征重点在于群体的凝聚力，不分裂，折冲能力（制敌取胜），认同感强，共同目标，还有对群体领导的支持态度，以及维系群体存在的价值观和共同愿望等。苏联社会心理学家彼得罗夫斯基在其专著《集体的社会心理学》中阐释说，根据群体发展的水平和成员之间联系的密切程度，群体可分为松散群体、联合群体和集体。他认为，集体是群体发展的最高阶段，成员间的关系是以有个人意义和社会价值的群体活动内容为中介的群体。这就是说，松散群体不能体现个人意义和社会价值，以及共同的奋斗目标，联合群体也不能较好地达到这一点，而集体则既能体现个人意义，又能彰显社会价值，其各个成员不仅认识到群体活动对个人和集体的价值，而且还能够认识到其对整个社会的共同认知的积极意义。

由此不难看出，一群人的人物通讯，应该着重于认同感、共同目标和统一意志领导下的集体性质的群体描写，而不是松散群体或联合群体的描写。结合这些理论知识的见解，不妨将群体人物通讯的特征，粗略归纳如下：

一是强烈的共同目标意识，和血脉相连的共同利益关系。这一群人之所以会成为战斗的集体，就是他们都有着一个共同的目标，有着一个共同的利益，一个共同要解决的重大问题，或者说有着共同的敌人，而且不战胜这个敌人，不解决这个问题，就难以达到共同的目标，难以实现共同的利益。

而且这一群人中的每个人也都明白，群体的目标必须共同努力才能达到，任何单个个体靠自己的力量都是无法实现的。于是，共同的目标和共同的利益关系，使他们紧密地团结在一起，倾其所有，拼死拼活，甚或抛头颅、洒热血也在所不惜。这种意志往往会是自觉形成的，是环境和形势所迫，只需要一星星火种点燃，一点点刺激奋发，一丝丝向往鼓动，就能形成统一的意志，一往无前的力量，而不需要多少动员和高端口号去打动。

　　且看发表在《人民日报》上的两篇有关路的报道，既是群体性重大事实的行动报道，又是一群具有高尚行为的人物通讯。安洋的《路》是写山西省陵川县锡崖沟村艰苦奋斗三十年，几代人用血脉筋骨终于修筑成一条通往外部世界的路；王慧敏的《太行七贤》写的是河北省灵寿县油盆村，七位共产党员把自己毕生的积蓄拿出来，为乡亲们修筑了一条通往山外的致富路。两个村同处太行山脉，分属于山西、河北两省，一个在太行山之南麓，另一个居太行山之北端，同处太行山里，同样是极度封闭之地，更是同样的极度贫困山村。在锡崖沟村支部和油盆村七名党员、退伍军人以及全体山村群众看来，没有路，就永远没出路，修路成了他们的共同目标，也成了两个贫困村各自共同的根本利益所系。

　　"再也不能这样活！"油盆村七名党员、退伍军人喊出了心里话。为什么？因为带头人赵安明看得清楚，其他退伍军人和党员也看得清楚，甚至全村人也都明白，那就是油盆村遭遇上了共同的敌人——封闭和贫困。赵安明的话说出了大家的心声："人家山外的村，都在朝小康奔了，可是咱们村，有多少家还得为吃饭穿衣费寻思。"为什么穷呢？就是因为没有路。共同的敌人是贫困，共同的目标是修路。赵安明和几位当过兵的人，因为见过世面，改革开放之初抓住机遇赚了些钱，但自己富还不是真富，因为没有路，村里群众还很穷，所以他提议，把自己和几位能人赚来的钱用到修路上，通过共同商议分析其中利弊，他们拧成了一股绳，形成了共同的意志。这是攻克共同敌人的关键点，不把这些写透彻、说明白，就没有新闻作品的厚度，也就没有群体人物形象的高度。通讯写道：

1993 年 8 月的一天，转业军人、共产党员赵安明把崔凤亮、吴书亮、赵安江、赵五月、赵六月、魏海军等 6 人找到一起。这 7 个人有 5 个当过兵，3 个是党员。改革开放以来，他们或是外出务工，或是肩背背篓外出卖药材、推销石英石……在村里率先致富，每个人手头有一两万块钱。赵安明首先说："现在这年头，人家山外的村，都在朝小康奔了，可是咱们村，有多少家还得为吃饭穿衣费寻思，是咱们油盆村人笨还是油盆村人懒？都不是。关键是咱们没有路。要是有条路，咱村用不了三五年就赶上去了。按乡亲们的话说，咱们都是见过世面的能人，有责任帮衬大家一把。再说，凭咱们手头这点钱，经不起磕碰。要是能修条路，全村受益，咱不也沾光？"赵安明的话，得到大家的一致赞同。不过，崔凤亮提出了一点忧虑："修路咱没有意见。我只是担心钱不够，听说修通路得 140 万，咱就是砸锅卖铁，也只能凑够一二十万呀。""咱们带了头，乡亲们不会看着不管。如果大家都能添把劲儿，就花不了那么多钱。退一步讲，即使咱们这辈人修不通，有咱们开了头，会有人接着修下去的。"

于是，油盆村 7 个先富起来的村民，自发将多年积攒的血汗钱 10 余万元倾囊拿出，开始向世世代代阻碍他们的大山开战了……

同样地，因为祖祖辈辈共同的敌人——四面高山深沟的锁闭，锡崖沟人也一代又一代受着没有路的折磨，偶有"壮侠"舍命出入也多是凶多吉少。那年县委书记骑马两天前往锡崖沟，在陡峭的王莽岭顶盘旋了半日，竟无一处可下脚，于是他硬是从捉襟见肘的县财政里挤出 3000 元钱，用绳子吊给锡崖沟人，牛皮纸包上用毛笔写下了两个大字："修路！"村党支部书记董怀跃，把全村 100 来口人喊到麦场，发狠定下话："共产党念着咱咧，用崭新的票子给咱铺路，咱说下啥也得给外面接上趟。"他们是被贫穷和大山的锁闭逼怕了，是共同的困苦和恶劣环境，让锡崖沟群众跟定了一个共同的目标，那就是打通一条通往大山外边的路。所以，当县委书记发下话来，就如同一星星火种点燃，从此让锡崖沟人有了走出耸崖大壑的强烈渴望，也鼓起了拼命修路的心劲，坚定地要"给外面接上趟"，一起奔向富裕新生活。

锡崖沟村的敌人比之油盆村的敌人更顽固、更可怕，需要付出的牺牲也更大，需要克服的困难也更多。因为那是 20 世纪 60 年代，县里能给上几千元，那可是天文数字的大钱了，所以锡崖沟村人要鼓起极大的勇气，和共同的敌人决一死战；油盆村修路是改革开放之始，已经率先富起来的农民要给村民做些事情，解决共同面对的行路难。由于战胜困难的时代背景不同，通讯文字的发力点就有所不同，所以通讯《路》做了这样一段简短铺垫："世世代代做着出山梦的锡崖沟人，在那个年代又把本已辘辘的饥肠上刮下来的米面拿出来支援修路。"这种力量是生与死的断然抉择，是向往新生活的共同期盼。不过，两篇作品虽然所处年代不同，但所表现的特点却是一样，都有着一个共同目标，有着一种共同利益驱动，因而都会形成强大的内生力量，同样有着勇往直前的抗争，当然也就有了两篇相似的群体人物形象佳作的问世。

还有笔者所写《古山村的退伍兵》，几名村干部都是不同时期的转业军人，当村民遇到困难，发展遇到瓶颈时，支书邓金才把几名支委叫到一起，掏出心里话说："咱们是当过兵的，得敢冲锋、会打仗……以后要下死劲，求致富，抓好经济，为乡亲们办更多好事！不然，就愧对古山村，愧对'退伍兵'称号！"正是这种共同目标和利益理念，才促使他们心往一处想，劲往一处使，几个人分工出去跑市场、找项目，捐钱扶孤，全力兴学，创办企业，带领群众齐奔好时光。因而才形成了古山村退伍兵熠熠生辉的群体形象。

《张中丞传后叙》中的张巡、许远、南霁云等英雄为什么拼命死守睢阳城，就是因为他们看到安禄山、史思明起兵叛变，攻城略地，气焰嚣张，洛阳失守，长安告急，此时"守一城，捍天下"，"天下之不亡"系于一城。面对这种形势，张巡与许远的共同目标非常明确，唯有死守睢阳城，才能挽大厦之将倾。因而在外无援助、内无充足粮草兵力的情况下，他们奋起抵御叛军，虽然孤军作战，仍要以少击多，扼其咽喉，坚持一年有余，力挫叛军锐气，保住了朝廷财赋来源地江淮地区，为以后官军全面反攻、收复失地创造了有利时机和条件。共同的目标凝聚成血战到底的决心和勇气，鼓舞和激励着他们"以千百就尽之卒，战百万日滋之师，蔽遮江淮，沮遏其势"，最终因敌强己弱、粮尽援绝、城破被虏而英勇就义。但他们的子弟却不能明白父辈的志向，以为张巡被俘而死，是由于许远怕死降贼所造成的，又有人说张巡和许远分兵把守睢阳，张巡守东北，许远守西南，城破时叛军先从西南处攻入，以此诟病许远，真是如同顽劣小儿之见。这些论调是对英雄群体的莫大污蔑，是对英雄们的肆意涂黑，如何拨开迷雾，还英雄群体之公正真实面目，让英雄们堂堂正正地站立起来，成为世所敬仰的群雕，是这篇传世名文最大的功绩。文章直面问题，直指谬论，将议论与叙事紧密结合，运用如刀之笔，力驳荒谬之言，力雕群雄之躯，再现历史真相，还原了群雄群体的光辉形象：

远虽材若不及巡者，开门纳巡，位本在巡上，授之柄而处其下，无所疑忌，竟与巡俱守死、成功名；城陷而虏，与巡死先后异耳。两家子弟材智下，不能通知二父志，以为巡死而远就虏，疑畏死而辞服于贼。远诚畏死，何苦守尺寸之地，食其所爱之肉，以与贼抗而不降乎？当其围守时，外无蚍蜉蚁子之援，所欲忠者，国与主耳；而贼语以国亡主灭，远见救援不至，而贼来益众，必以其言为信。外无待而犹死守，人相食且尽，虽愚人亦能数日而知死处矣，远之不畏死亦明矣！乌有城坏其徒俱死，独蒙愧耻求活，虽至愚者不忍为，呜呼！而谓远之贤而为之邪？

说者又谓远与巡分城而守，城之陷，自远所分始。以此诟远，此又与儿童之见无异。人之将死，其藏腑必有先受其病者；引绳而绝之，其绝必有处。观者见其然，从而尤之，其亦不达于理矣。小人之好议论，不乐成人之美，如是哉！如巡、远之所成就，如此卓卓，犹不得免，其他则又何说！

当二公之初守也，宁能知人之卒不救，弃城而逆遁？苟此不能守，虽避之他处何益？及其无救而且穷也，将其创残饿羸之余，虽欲去，必不达……当是时，弃城而图存者，不可一二数；擅强兵坐而观者，相环也。不追议此，而责二公以死守，亦见其自比于逆乱，设淫辞而助之攻也！

可以看到，张巡、许远是在国难当头之时，率众守城以拒叛军的。张巡事迹固然可歌可泣，那许远也同张巡一样高山敬仰，而且许远还是从大局出发，主动让出太守之位，将指挥权授予张巡，与张巡一起死守孤城。他们无疑是那个时代最伟大的英雄。然而英雄已死，却遭遇着种种极其不公的非议和污蔑，这是让如韩愈一样的正直者所不能容忍的。所以韩愈以自己的了解和认知，站出来为英雄说话，用事实驳斥那些污蔑许远的谬论，同时也宣扬了张巡、许远不弃城而逃的历史功绩。塑造群体人物形象有多种方法，生动描述是一种笔法，在叙事中驳斥谬论，荡涤英雄身上的污水，使英雄展现本来面目，同样是一种有力的写作方法。韩愈正是出于对英雄群体俱死守、捍天下的信任和景仰，先是驳斥"以为巡死而远就虏，疑畏死而辞服于贼"，其事实则是许远"位本在巡上，授之柄而处其下，无所疑忌，竟与巡俱死守、成功名"，而且盛赞他们"食其所爱之肉，以与贼抗而不降乎"，况且在"贼语以国亡主灭"，"救援不至，而贼来益众"情势下毅然决然地"外无待而犹死守"，可见"远之不畏死亦明矣"！这就不仅是在驳斥谬论，分明是在驳斥中，用更为有力的事实和议论，更加鲜明地塑造英雄群体形象。接下来两层意思，对于英雄群体形象的塑造则愈加清晰简明，说"城之陷，自远所分始"，又说"宁能知人之卒不救，弃城而逆遁"。这两种谬论似乎不值一驳，韩愈说，那城陷总会自一处始，怎么就说许远之错呢？如同人要快死的时候，其五脏六腑中必有先行坏死掉的；也像绳子要断时，必有先断之处。这样的道理人人明白，怎么能归咎于先受害的脏腑和绳子先断的地方，即城破而指责先破的地方呢？另外，还有人责备张巡和许远他们难道不知道最终不会有人来救他们，为什么不早点选择弃城逃遁？韩愈对此直言说，那时已天下大乱，贼来益众，又能逃避到哪里去呢？况且守城将卒伤残病弱，就是往外逃避又能跑到安全的地方吗？其实，在韩愈看来，二公根本就没有想到弃城而逃，人在城在，守城抗贼是他们铁一般的意志，他们的共同目标就是忠君为国、据城死守，他们的根本利益早已不是保全自我。在这里，作者又顺手一笔，以不可胜数弃城而图存的败类举动，以及擅强兵却坐而观之的种种卑鄙行径，反衬张巡、许远等外无援而俱死守的顽强刚毅的群体形象。怒斥那些不去鄙夷苟且偷生者，却指斥二公俱死殉国的英雄之举，实在是与那乱国贼子、安史叛军无异，是借用所捏造的荒谬言辞而助纣为虐。韩愈正是以铁的事实，加上慷慨悲愤的议论，弘扬"巡、远之所成就，如此卓卓"，让后人坚信，英雄的功绩不是荒谬的言辞所能淹没的，而只会在涤荡之后更为圣洁地高大起来。韩愈的传世大作，真正为睢阳保卫战中的群体英雄人物，雄浑昂扬地塑造起了一座群体丰碑。

抗日战争中的《棋盘陀上五壮士》，抗美援朝战争中的《谁是最可爱的人》，两篇优秀群体性人物通讯，同样都体现着明确的共同目标和共同利益，都有着铁一般的意志，创造着同样视死如归的壮举。棋盘陀又名狼牙山，这篇通讯在后来的中学课本里就叫《狼牙山五壮士》。在反扫荡战斗中，五个战士秉承着八路军顽强战斗的光荣传统，吸引、阻击敌人进攻，掩护主力安全转移。他们打完了最后一颗子弹，面对强敌选择了跳崖，他们的共同目标和坚定心声就是："咱们坚决抗日到底，为了保卫边区，咱们死也是光荣的！"而且他们在艰苦的战斗中，还相互激励，不断地喊出："坚决抵抗呀，完成任务呀！""对、完——成——任务，咱们坚决完成……"《谁是最可爱的人》中那些英勇作战、不怕吃苦，而又充满爱心的勇猛战士，他们的共同目标就是保家卫国、支援朝鲜、打败美帝国主义侵略者，那位在防空洞吃一口炒面、就一口雪的战士说出了英雄们的共同心愿："只要能使人民得到幸福，也就是我们最大的幸福。"

人是要有精神的，有了精神就有了努力奋斗的力量，也就有了根本利益取向。五壮士和抗美援朝的英雄们是种什么精神，那是社会主义精神、共产主义精神；锡崖沟村和油盆村党员干部们是种什么精神，那也是社会主义精神、共产主义精神。社会主义就是要消灭贫困，达到共同富裕；共产主义就是解放全人类，让全世界人民得到幸福。有了这样一种精神，就会舍生忘死，就会舍小家顾大家，就会让精神化为坚贞不屈的果敢行动，为着实现群体目标和利益而做出各自的努力。尽管朴实的他们说不出更多更大的道理，但是这种精神闪耀在他们的全部行为之中。面对这些英雄群体，我们每个人都不能不肃然起敬。而《史记》以及《张中丞传后叙》等古代记载群体人物的巨著名篇，同样也是充满英勇不屈精神的，虽然不能与社会主义、共产主义精神相提并论，但他们同样是为着家国，为着正义和忠诚，不为邪恶所屈服，要在世上留美名。如陈涉所言："壮士不死即已，死即举大名耳，王侯将相宁有种乎！"亦如张巡所言："男儿死耳，不可为不义屈！"这就是他们的处世之精神，亦是奋斗动力之选择，有了这些精神上的共同追求，也就有了共同的奋斗力量，其群体形象的冲击力也就格外气冲云天。

二是积极的社会认同意识，和相互依存的情感交流与沟通。人是有情感的高级动物，最重要的结合点是情感认同，一个人是，一群人也是。所谓认同，就是认识问题上跟自己有共同之处，因志同道合而感到亲切。英雄群体看起来是一群人，相对于全体大众，他们又是有代表性的一部分，这部分人知道自己来自民众，也知道自己应该为了民众，这种社会认同意识，极易得到更广大的群体认同，那么就会产生出巨大的推动进步的力量。由亲切感到拼命做，其共同之处就成了黏合剂，也就有了情感交流。没有情感上的交流沟通，就不会产生共同的社会认知，而在社会认同意识上都达不成一致，那只能是散沙一盘。如果说目标是方向的话，那利益就是驱动力，而要形成共同行动，社会认知和情感交流则是动员令，是鼓动器，是战鼓和号角。所以说，对于群体而言，除了共同目标和利益关系，最有驱动性的还在于情感鼓动和相互依存、彼此关照、奋勇向前的心理影响。这就是精神的力量，而精神的力量是无往而不胜的。

有人对社会心理学家提出设问，即同一个电影院的观众、同一架飞机上的乘客构成一个群体吗？群体是否就是一群具有共同目标且一致遵守的个体？社会心理学家们正是在确定了群体的社会认同和情感交流特征后，才做出了肯定回答，认为同一电影院的观众、同一架飞机上的乘客只能说是一个集合体，散场走人，离机各奔东西，那不能称其为一个真实的、互动的群体，不是有着共同认知和情感交流的集体。这样的集合体没有情感纽带联系，也产生不了改变外部环境的强大内聚力。

集合体如同散沙，散沙一盘当然没有任何承载力。不过，如果有了水泥和钢筋的作用，散沙便会创造顶天立地的奇迹。对于群体而言，若彼此在心理上没有多大联系，就称不上是个群体，而只能说是一群人，恰似一盘散沙而已。假如有了强烈的认同感和情感纽带的血脉沟通，就能够起到水泥和钢筋的奇妙效用。这种情感和认同会形成强大的力量洪流，在共同的目标和利益引领下，必能矢志不移、坚韧不拔、威武不屈、呼啸前行。许多群体性人物通讯的魅力就在于此，群体人物形象的逼真描写，会带来无形的社会影响力和巨大的感染性。

不是吗？没有路，锡崖沟人被逼得走投无路。那一年腊月，想让山沟里人也过上一个明晃晃的年的郎万林，爬出大山，用一把人参换了30斤煤油，结果连人带油照直掉进几十丈的深渊；没有路，当光棍当疯了的林守义从河南买回的媳妇，一脚没踩实，喜事办成了丧事；没有路，误食了"六六六"粉的二虎娘生生疼死在送医的半道上；没有路，沟里的财宝成废品；没有路，沟里沟外只能通过喊话和吊包裹与外界沟通。共同的苦难折磨，让锡崖沟人拼死要修通能够与外部世界接上趟的路！这种希冀和渴盼上的情感，就是那凝聚人心的水泥和钢筋。于是30年前，当县委书记从捉襟见肘的县财政里挤出3000元，用绳子吊给锡崖沟人，牛皮纸包上用毛笔写了两个大字："修路！"于是，在村支书的号召下，不是一年而是30年坚韧不拔，不是一任村支书而是三代村支书奋斗不止，带领全村人一往无前地修路，修路，修路！正是靠着强大的集体意志和力量，终于实现了祖祖辈辈的梦想。所以，《人民日报》在刊发这篇通讯时，特地加了"编者的话"，对于这种高度的社会认同意识给予极高的赞誉：

> 修路，修路，一代接一代地修，从1962年到1991年，前后30年，锡崖沟村人终于修了一条通往外部世界的路。他们不是在平原、丘陵地修路，不是用现代机械修路，而是在悬崖峭壁上用钢钎、榔头和双手凿开一个又一个山洞，用鲜血和生命连接成一条路。锡崖沟几十年艰苦奋斗的历史，就是中国人民在中国共产党领导下奋发图强、排除万难建设自己伟大祖国的缩影。过去中国人民贫穷落伍，受人欺，而今迈步从头越。

> 锡崖沟修路的实践再次证明，只要党组织发挥强有力的战斗堡垒作用，只要共产党人身先士卒，吃苦在前，奋斗在前，就没有战胜不了的困难。锡崖沟险恶的自然条件并非普遍存在，但锡

崖沟人自力更生、艰苦奋斗的精神和百折不挠的意志，却有着普遍的现实意义……

毛主席有一篇著名的讲话，题目叫《愚公移山》，讲的是夺取人民革命的胜利，要有"每天挖山不止"的精神。今天，我们要实现社会主义现代化，建设有中国特色的社会主义，就要像锡崖沟村的共产党人那样，艰苦奋斗，带领广大群众"每天挖山不止"，我们的目的一定能达到。

编者的话，往往是编者有感而发，有感什么呢？有感的还是精神层面的东西，那就是共同的认知，共同的价值观，是一种战天斗地的精神面貌。这是对待问题和困难的态度，是不惧怕艰难险阻的斗争精神，是最可贵的思想境界。没有敢于斗争、敢于胜利的气概，没有战胜一切敌人而不被敌人所打倒的勇气，那就不会创造人间奇迹。所以，编者特别赞赏锡崖沟村人艰苦奋斗的精神，有了这种精神，才能一年又一年地"挖山不止"，一代又一代人地"挖山不止"，才能用鲜血和生命坚持不懈地拼搏奋斗，才能不依赖现代化工具而创造人间奇迹，这也是中国共产党带领中国人民"挖山不止"，战胜千难万险，建设新中国，不惧风云变幻，开创新世界的精神。所以说，共同的认知意识，是群体人物形象塑造的出神入化之笔。

同样地，因为大山里没有路，油盆村全村人也大都有过滚坡的经历；因为行路难，有多少村民患了急病得不到及时救治而丧命；因为行路难，油盆村人始终被贫困的阴影笼罩着。村民们想吃一口白米面，得背着土豆或山果，顺着山溪一步步攀到25公里外的乡政府所在地去兑换。"难道油盆村人就只能在山沟里打转转吗？"7个靠劳动率先致富的转业军人和村党员想到了一块儿：要是有条路，咱村用不了三五年也能过上好日子。咱们得伸头帮衬大家一把，就是一时修不好，有咱们开了头，就会有人接着修下去的。7个人的力量是有限的，但7个能人的想法，汇聚了全村人的共同情感，共同的认知度，因而也就形成了"众人拾柴火焰高"的热力效应。事实是，修路的那些日子，每天都有三四百乡亲赶来帮忙；村干部们更是跑前跑后做好后勤工作……连太行七贤的领头人都说，没有大伙的支持，单凭我们7个人，这路是无法修通的。正是相互依存的情感认同，汇聚成了战胜困难的强大动力。

在这里，油盆村的七贤之所以称为贤，就是因为他们懂得社会发展进步的真正含义，即不光自己致富了，还想着让村民富；不光自己要走出大山去，还要带领山里人一起走出去。贤者，有德行、有才能的人，其本义为善良、劳累、多财。勤劳致富，又不辞辛苦，善良为人。记者称他们是太行七贤，不仅是他们德被乡里，更因为他们的精神感召着村民，也感动着记者，当然也感动着编辑。通讯见报时，同样获得了"编者按"，而且还是时任《人民日报》总编辑的范敬宜先生亲自捉刀而为。范总编是大学问家，编者按语加得也特有学问。如同《路》见报时所加"编者的话"一样，此按语主要是从认同感上发表议论，是对太行七贤群体行为的充分肯定，是对新时期社会信仰的点赞，更是对新闻作品深刻内涵的再一次提升：

晋代有"竹林七贤"，崇尚的是清谈；这里介绍的"太行七贤"，却是真正的社会主义实干家。用"震古烁今"来形容他们的业绩，决不为过。

翻遍二十四史，听说过七位山民为了打通一条贫困山村走向市场的出山通道而倾囊筑路这样的事情吗？没有，确实没有。这样的事情，只会发生在今天，发生在伟大变革的时代。

我们称他们为贤者，是因为他们真正懂得社会主义的真谛。从根本上说，社会主义就是要消灭贫困，达到共同富裕。改革开放，为这七位山民脱贫致富提供了机会，然而他们并没有满足于小家小富，而是想到长远，想到乡亲，想到和大家共奔小康，并不惜为之舍弃一切。这是什么精神？这就是社会主义精神、共产主义精神。尽管朴实的他们说不出更多大道理，但是这种精神闪耀在他们的全部行动之中。面对这样的贤者，我们每个人都不能不肃然起敬，悄然扪心。

……

《棋盘陀上五壮士》《谁是最可爱的人》两篇群体人物通讯，一样是在强烈的共同认知和意志能动性上着笔的。无论是棋盘陀五壮士，还是抗美援朝志愿军战士，他们都有着共同的理想信念和价值认同，那就是牺牲自己保卫和平。这种伟大的精神具有战胜敌人而决不被敌人所打倒的巨大能量。事实上，正是英雄们用意志和血肉筑成的铁一般的长城，克服着常人无法想象的困难，阻挡着敌人无数次的强攻，给予敌人以致命的威胁，体现着精神认同的强悍力量，所以通讯不惜笔墨地为他们讴歌高唱。前者描写道："那曾经为诗人所歌颂的在易水河畔慷慨悲歌的壮士的故事，在今天为人们所亲眼见到的五个'神兵'鬼泣神惊的新战绩的面前，也将显示了前者（棋盘陀上的仙人故事）的颜色的黯淡。今天歌唱反扫荡胜利的边区东线的人民和军队在唱出他们最高昂的音调，在齐声颂扬着棋盘陀五个壮士英勇奋战的功绩。承受了八路军传统的顽强战斗的五个壮士，给青年边区子弟兵添上了高尚的骄傲和光荣，人民以有了这样的子弟兵而获得了更多的夸耀和勇敢。"正是五壮士承受了八路军传统顽强战斗的共同认知，形成了英勇奋战的共同行动，因而更铸造了壮烈伟绩。后一篇则选取了抗美援朝战场三个不同的典型人物，形成群体性人物代表，有带火扑敌和用刺刀跟敌人拼死在一起的烈士，有冒死冲进敌人炸成火海的房子里抢救朝鲜儿童的英雄，有蹲在防空洞里边一口炒面就着一口雪的战士，他们之所以对敌人那样狠，而对朝鲜人民那样爱，甘愿吃那么多苦，就是因为他们充满着共同的国际主义深厚热情，胸怀着共同的信念志愿。所以，魏巍才会激情满怀，放声歌唱他们："朋友们，用不着多举例，你已经可以了解我们的战士，是怎样一种人，这种人是什么一种品质，他们的灵魂是多么地美丽和宽广。他们是历史上、世界上第一流的战士，第一流的人！他们是世界上一切伟大人民的优秀之花！是我们值得骄傲的祖国之花！我们以我们的祖国有这样的英雄而骄傲，我们以生在这个英雄的国度而自豪！"在这些英雄看来，流血不可怕，吃苦不可怕，牺牲也不可怕，他们只想着："只要能使人民得到幸福，也就是我们最大的幸福。"有着如此胸怀的人，才能坚持几十年修通悬崖路，才能把自己的血汗钱拿出来为村民谋利益，才能为古山村村民撑起一片天，也才能像五壮士和志愿军那样赴汤蹈火在所不辞。当然，古今英雄群体情感有所不同，但共同的认知感却是他们永远不变的情怀。所以，古今英雄都是伟大而崇高的，他们无论是个体还是群体，都是历史进程中永久的丰碑。

事实正是如此，古往今来，群体之意志，无不是凝聚于共同的认知之上。古人曰："道不同不相为谋。"意思是说，志趣不同的人就无法共事。可见，志趣不同，认知也难以趋同，不同的认知当然就形不成共识，更别说形成合力，奋力去实现共同的目标了。所以，无论是《史记》中的"世家""本纪""列传"，还是《世说新语》中的"建安七子""竹林七贤"等，以及韩愈《张中丞传后叙》，无不在情感共鸣上有所强化。为什么陈涉能够一呼百应，为什么刘邦、项羽也会起来反秦，就是因为"天下苦秦久矣"。陈涉喊出了"失期当斩，藉弟令毋斩，而戍死者固十六七"，与其"等死"，不如"举大计""死国可乎？"这种生死关头的严峻抉择，即使死也要死得明白、死也要惊天动地的精神就极得人心。刘邦起事时也说："沛今共诛令，择子弟可立者立之，以应诸侯，则家室完，不然，父子俱屠，无为也。"所以，刘邦得到父老拥戴，被立为沛公，开始了一统天下的征战；项羽同样因为"秦失其政"而"乘势起陇亩之中，三年将五诸侯灭秦，分裂天下，而封王侯，政由羽出，号称霸王"，是共同的反秦情绪凝聚了人心，使得天下豪杰聚集于共同造反的麾下。至于，他们有着不同的结局，那是性格方面的差异，以及各种外部原因和内在因素所共同作用的结果。"竹林七贤"因不满司马专权，形成共同的性格取向，隐而不仕，嗜酒佯狂，放荡不羁，虽多为后世所戏谑，但他们的名士气度也多为人们所乐道。韩愈笔下的张巡、许远、南霁云等英雄，同样有着强烈的认同意识，虽没有过多的表白和宣扬，但其简短的语言中透露得极其鲜明，那就是张巡所说的"男儿死耳，不可为不义屈"。虽言辞不多，其精神却足以撼天地、动人心，也就足以让他和许远一起率"千百就尽之卒"，去"战百万日滋之师"，共同"与贼抗而不降"。因为他们除了忠义还有一个信念，"死，命也"，即"守一城，而捍天下"，拼尽热血而为之，至于个人生死早已置之度外，所以面对就戮时，必会"颜色不乱，阳阳如平常"，其英雄们的仁义刚毅气概和历史丰功伟绩，深受后世敬仰。

三是群体内部有头雁有分工，每个成员扮演着各自鲜明的角色。群体不同于个体或集合体的特征，除了共同的目标取向、共同的情感认知外，还在于他们有着一定的组织结构，每个成员在群体内部有着各自的地位，执行着各自的任务，另外，他们还都有着自己所推崇的领头雁。群体人物的新闻通讯采写，尤其需要注重头雁人物与群体人物的挖掘和塑造。

俗话说，鸟无头不飞。群体也是如此，一般要有较严谨的组织架构，有领头者，有其他组织成分，方能较好地朝着共同目标，在共同情感驱动下，去成就共同的伟业。从群体人物的采写方面来说，每一次行动都面临着组织者的形象体现。这就像一台大戏，要有主角、配角，还要有其他跑龙套的，主角动，配角行，龙套整体跟进，轰轰烈烈，步调一致，齐心协力，方能演示出惊天动地的历史大活剧。

这里要特别强调的是头雁和群体的关系，在新时期里，头雁意味着更多的付出、更多的牺牲，而不是要为自己获得一丝丝利益才做头雁。其实，从哲学层面而言，头雁和群体的关系就是领袖和群众的关系。英国哲学家伯特兰·罗素在其《权力论》中论述了二者的关系，在他看来，"对权力的嗜好，是那些最终成为显赫人物的一个特点"。显赫人物就是带头人，他们能够起到统帅的作用，其实不仅在于权力的掌握，更在于为群众的付出。也就是说，群众之所以愿意追随领袖，是他们觉得领袖的胜利就是群众的胜利，领袖是他们的主心骨、领头雁。新闻群体形象的塑造，离不开这两方面的辩证思考。

　　所不同的是，在权力问题上，共产党人的要求与过去显赫人物的嗜好有天壤之别。党的要求就是为人民谋利益，而其他那些显赫人物则别有他图，比如陈涉、刘邦、项羽等，就是要争得王侯将相的荣耀，成就一统天下的威名。所以，按照马克思主义新闻观要求，新闻群体人物的采写，重点就在于人物的思想境界挖掘上，特别是头雁典型，那必须是在为人民服务的伟大旗帜下闪放光芒。他们虽是头雁，是领头羊，是群众带头人，但绝不是为了作威作福，他们也是群众一分子，要为群体利益做贡献。另外一点也特别重要，那就是头雁的利益和群众是一致的，彼此有着共同的目标，有着共同的认知和思想情感，也就是说，头雁的成功胜利，也是群体的成功和胜利，所以群众才愿意追随他们，听从头雁引领，为着共同的利益而奋斗。

　　不是吗？锡崖沟村人三十年艰苦奋斗，几代人用血肉筋骨在悬崖峭壁上铸成了"挂壁公路"，靠的是什么？靠的是共同的生存目标，是几代人要走出深山大沟的情感期盼，更是靠党组织的关怀，以及村党组织坚强的战斗堡垒，靠的是作为头雁人物的三代村支书的自我牺牲，以及更高层次领导的关切和支持。想想看，如果没有县委书记所安排的那笔钱，并用绳子吊给锡崖沟人，还在牛皮纸包上用毛笔写下"修路"两个大字，明确地给锡崖沟发出了走出大山的指向；如果没有第一代支书的振臂一呼"共产党念着咱咧，用崭新的票子给咱铺路，咱说下啥也得给外面接上趟"；如果没有第二代"头羊"党支部又撑起了修路旗帜，响亮喊出"愚公移山，汽车进山"的口号；如果没有第三代支书一句话"接班，修路"，那么，锡崖沟村老百姓再有修路的目标，再有走出大山的渴求，到头来，目标也许永远只是目标，渴求也许永远只是渴求，甚至根本就不敢有那种奢望。唯有县委书记要到锡崖沟村来看看百姓生活，把锡崖沟村放心上，唯有肩负着锡崖沟村祖祖辈辈重托的村党支部，明白了县委书记的指示精神，必须组织群众做好自己解放自己的斗争，当然，也唯有三代抱有梦想又吃苦耐劳的村支书，发挥着无可替代的"头羊"作用，才能几十年不间断地组织人力物力，用心血和汗水去凿刻出那条"登天路"！

同样地，没有共产党员赵安明出面，没有"太行七贤"打头，没有他们"砸锅卖铁也得把路修通，不能把账再留给孩子了"的胸襟担当，油盆村只能望"油"兴叹，只能一辈辈苦下去啊！所以，当记者问起赵安明："你们修路图啥呢？"这位淳朴的汉子解开纽扣露出右肩上的硬茧说："图啥？这些老茧都是成年累月背东西留下的。天天背，实在太累。不能让孩子们再背下去了……"另一位"太行七贤"崔凤亮也说："俺爹是1938年的老党员，解放后一直当村干部，他几次张罗着想把路修通，可因村里经济困难，没能实现。他临死的时候还对俺说：'凤亮，爹当了一辈子干部，也没能替乡亲们把路修通，心里一直不安生。你以后有了钱，说啥也要把路修通。'"由此可见，一代又一代的梦想，是目标，更是情怀，如今有人带头拼杀，纵令有千难万险，最终一定会把路修通。

同样地，在韩愈所写《张中丞传后叙》中，也正是有了张巡和许远那样一群大义凛然的英雄人物振臂高呼，才聚集了一大群肝胆相照的虎将义士，合守睢阳，力挫叛军劲锐，保障了社稷安危；也正是项羽"三年遂将五诸侯灭秦……号称霸王，位虽不终，近古以来未尝有也"；也正是刘邦被公推为沛公，少年豪吏如萧、曹、樊哙等，皆收为沛子弟二三千人，既顺应时代，从合民心，又知人善任，驾驭有方，与众多将相一起，开创了汉朝几百年宏伟基业；也正是陈涉高举义旗，召令徒属"壮士不死即已，死即举大名耳，王侯将相宁有种乎"，并自立为将军，披坚执锐，率众伐无道，诛暴秦，复立楚国之社稷，乃立为王，虽随之骄奢蜕化，任用坏人，招来杀身之祸，"此其所以败"，但太史公却高度评价其首义之功，称之为"陈胜虽已死，其所置遣侯王将相亡秦，由涉首事也"。

无论是许远"开门纳巡，位本在巡上，授之柄而处其下，无所疑忌，竟与巡，俱守死、成功名"，还是项羽"晨朝上将军宋义，即其帐中斩宋义头，诸将皆慑服，莫敢枝梧""乃相与共立羽为假上将军"，无论是陈胜号令召三老、豪杰与皆来会计事，三老豪杰皆曰将军"功宜为王"，还是刘邦"此大事愿更相推择可立者"，诸父老皆曰"莫如刘季（刘邦）最吉"，如此等等，无不说明，凡成大事者，必须有有能力、有威望、有谋略的领头者相率才行。不管是心胸开阔、大局为重如许远者，心甘情愿让位张巡，还是项羽、刘邦、陈涉通过非常手段，为王为将，也都从另一个角度验证了"头羊"的重要。所以说，群体的重要特征还在于组织结构的严密、各自分工的明确，以及头羊的权威领导。

然而，需要特别强调的是，与古代英雄群体人物相比，当今群体人物的权力取得以及精神追求等都大不一样。新时期的群体人物的头雁是群众所推选出的，他们的使命就是为群体服务，为群体谋利益，他们最大的权力是牺牲自己，办好群众所期盼的事情。他们的追求就是群众的追求，他们的目标就是群众的目标，他们和群众永远保持着血肉相连。事实上，这些头雁就没有自己的私利，没有如陈涉那样的"涉之为王沉沉者"的奢华富丽，没有刘邦那样"方踞床上，使两女子洗足"，取得天下后"悉召故人父老子弟纵酒"，也没有项王那样"自立为西楚霸王"。他们选择了头雁的权利，其实就是选择了牺牲，选择了付出，选择了带头实现事关群众利益的历史使命。不妨以《路》中老支书董怀跃为例，在锡崖沟人几十年修路历程中，他最早响应县委号召，带领群众拉开了修路大幕，并且矢志不移地冲在前面。尽管一次又一次失败，但群众信任他，跟定了村支书，继续一次又一次地向大山宣战，因为他们有杆永远不倒的旗帜高高飘扬。

当然也不是什么样的群体人物报道都要有领头者、组织者，都要有明确分工，都要各司其职。比如《谁是最可爱的人》，那就没有领头雁，没有主角和配角之分。文中三个侧面的典型人物，可以说各具特点，各有特色，显然相互之间没有明确分工，也没有组织机构，更没有相互直接或间接的领导和被领导关系；"竹林七贤"彼此同样没有主角配角关系，没有必然的主次之分。但上述两方面群体人物中，所有人物谁也不能把他们分开，分开了就不是"最可爱的人"，也不能称其为"竹林七贤"，当然也就不会再有传世名篇和现代许许多多的知名群体人物绘画作品了。那么，上述两例群体形象刻画，靠什么形成整体的呢？靠的是情感，是共同目标，是最为宝贵的相互关联的血脉情缘。前者是伟大的国际主义精神，后者是可贵的傲骨和正气。正是国际主义的深厚热情，将千千万万抗美援朝勇士联结在一起；正是清高正义之心，将"竹林七贤"和诸多像他们那样的魏晋名士紧紧地联结为历史性群体。

然而，无论是有头雁、"头羊"和领袖的群体，还是没有组织者、没有明确分工的群体，既然是集体性质的群体，就有着共同的目标，有着共同的认知、共同情感和追求。如果是要塑造这样一个群体，就要思考如何体现群体的凝聚力，体现他们改造世界的影响力和牺牲精神，以及头雁的精神境界与重大事项的历史意义，在群体形象塑造中体现时代意义，为历史发展留下宝贵财富。

这，才是写活群体人物特征的最重要的探索价值。

二、群体人物通讯的写作要求

　　业已弄清楚了群体人物通讯的特征，那么如何写活一群人，就成了务必用心钻研的事了。如同前面所研究的如何写活一个人一样，写活一群人也是有规律可循的。那么规律是什么呢？说起这一点，让人想到刘开渠对于人民英雄纪念碑群体浮雕的创作和实践。群体浮雕艺术创作如同新闻群体人物塑造一样，有着非常相近的渊源，也就是说，群雕创作的探索和经验十分值得借鉴。

　　人民英雄纪念碑，是中华人民共和国政府为纪念中国近现代史上的革命烈士而修建的一座丰碑。碑身正面镌刻有毛泽东题词"人民英雄永垂不朽"八个镏金大字。背面是毛泽东起草、周恩来题写的碑文："三年以来，在人民解放战争和人民革命中牺牲的人民英雄们永垂不朽！三十年以来，在人民解放战争和人民革命中牺牲的人民英雄们永垂不朽！由此上溯到一千八百四十年，从那时起，为了反对内外敌人，争取民族独立和人民自由幸福，在历次斗争中牺牲的人民英雄们永垂不朽！"

　　也正是围绕碑文内容，呼应"三个永垂不朽"的伟大业绩和革命精神，在纪念碑碑座四周，雕塑创作了十块汉白玉主题浮雕，十块浮雕就是十块群雕，选择的是十个重要的历史瞬间，形象概括了自鸦片战争到中华人民共和国成立的艰苦而漫长的历程。其中有《虎门销烟》

《太平天国》《武昌起义》《五四运动》《五卅运动》《八一南昌起义》《抗日战争》《胜利渡长江》等。这项工程由著名雕塑家刘开渠主持，与同时代优秀雕塑家一起设计创作完成，其中纪念碑的正面是《胜利渡长江》，以及与这个历史时期相对应的两块浮雕《支援前线》《欢迎人民解放军》，这正面的三块浮雕群像都是刘开渠雕塑艺术的代表作。

镶嵌在大碑座四周的浮雕群体栩栩如生，气势磅礴，每幅浮雕里有20个左右英雄人物，每个人物都和真人相仿，其面貌、性格、思想、感情和状态都不相同。特别是《胜利渡长江》，这是十幅浮雕中最大的一幅，也是艺术表现力最具气势的一幅。浮雕上，号兵吹起冲锋号，指挥员左手高举，连连向高空发射信号弹，已登上敌岸的战士，踏着反动派的旗帜，向国民党反动派统治的老巢——南京城冲去，背后数不清的战船正在波涛汹涌中奋力前进。

作为卓越的雕塑家，刘开渠将塑造群体人物与建造人民英雄纪念碑熔铸一起，以直观的、现实的人物形象，展示着极大的感召力和奋勇向前的时代精神。刘开渠曾说："雕塑艺术的职能，是要靠具体形象来完成。作者对他所塑造的形象和精神世界，刻画发掘得愈深，作品形象的感人力量也就愈大。"他还说："要创作一件完美的能够感动人的雕塑作品，就要雕刻家对自己所描写的对象，既要有深刻的认识和了解，更要有强烈的感情。"

群体人物通讯采写同群雕艺术刻画一样，也要靠具体形象来完成，对群体人物形象和精神世界发掘得越深，刻画描写得越丰满越深刻，作品的感人力量也就越大。所以，刘开渠先生的雕塑理论和实践，对群体人物通讯的采访和写作，有着重要的借鉴和指导作用。事实上，群雕艺术的形象塑造，就是群体人物通讯的形象塑造，雕塑家如何处理好事件与行动、情感与精神、群体与个体以及对被描写对象的激情点燃等关系,恰恰亦是群体人物通讯采写的秘诀所在。为此,不妨结合群体人物通讯特征的具体分析,汲取雕塑家的群雕刻画艺术营养,梳理和发掘一下群体人物通讯的采访和写作经脉。

一是在事实艰巨性的深入发掘中,凸显群体人物共同目标和利益的时代意义。人物通讯是要在具体的新闻事实中来体现的,群体人物的描写更是如此,而且往往比个体人物更加注重新闻事实的重要性;个体人物形象可以通过多样事实去体现,而群体人物通讯往往通过一个重大事实来体现。这个事实本身愈艰巨而繁重,愈是需要注入艰苦漫长的时日,对群体人物形象影响就愈大。群体人物所面对的新闻事实,不同于个体人物所面对的事实,也可以说不是一人一时所能解决的,需要群体人物共同面对,共同努力和付出,而且需要漫长的时日,付出巨大的牺牲。也正因为事实艰巨,正因为时间漫长,正因为需要投入全体的牺牲,这样不同凡响的新闻事实,才最能彰显出群体人物形象的厚重。

这就如同人民英雄纪念碑的群体浮雕设计创作所体现的内涵主题一样,一是时间的漫长,即三年、三十年……;二是巨大的投入和牺牲,即"在人民解放战争和人民革命中牺牲的",以及"为了反对内外敌人,争取民族独立和人民自由幸福,在历次斗争中牺牲的";三是群体人物整体宏大,即"人民英雄们"。正是围绕着上述漫长的、革命斗争中的、群体牺牲奉献精神这样三方面特点,雕刻家们共同设计了承载着"人民英雄永垂不朽"重大历史内涵的浮雕作品。这一幅幅群体浮雕,说到底就是一篇篇群体人物通讯,其内容就体现在浮雕的具体形象刻画上。通过栩栩如生的人物艺术雕琢,从画面中让人们能够读出深刻历史事实的丰富内涵。群体人物形象也就像群体浮雕艺术一样，必须在具体的描写中突出事实，在重大事实的艰巨曲折中凸显群体人物品性。事实描写越充分，越具体，越鲜明可感，就越能体现群体人物形象的高大和不朽。

事实的艰巨性在《人民日报》两篇有关"路"的头条报道中体现得就非常充分。正是新闻事实本身的艰难险绝，以及其中深刻的重大社会价值，才更能够衬托出新闻群体人物形象的高大和丰满。不是吗？锡崖沟村人艰苦奋斗30年修通了挂在悬崖峭壁上的那一条路，为了这个共同目标和利益，几代人用鲜血和汗水才浇铸成这座不朽丰碑。几十年、几代人，时间不可谓不漫长，投入和牺牲不可谓不巨大。行文中，记者四次清晰地交代了修路的起始时间，也四次具体描写了修路的艰难。

第一次用5年修出了仅能放下半只脚的羊肠小道，结果无法与外界相通而失败：

> 党支部副书记杨文亮率"开路队"直奔王莽岭下。5年时间一条仅能放下半只脚的羊肠小道勉强上了山顶。
>
> 当年，县食品公司捎话，优先收购锡崖沟的猪，全村人选出"最精干的把式"，哄着27头猪沿着这条路出山，结果没上了一里路，竟全掉下了沟。
>
> 锡崖沟人用心血营造的梦想，就这样无情地破灭了。

第二次6年时间企图打出穿山而过的山洞，到头来几年只掘进了105米，事实说明此方法根本行不通：

女人们又编出了一条条麻绳，男人们又打好一根根钢钎。1976 年秋天，喘过气的锡崖沟人又一次向大自然宣战！

他们企图利用王莽岭西侧疏松的岩石结构，撬开一条"官道"，然而，只进了一里多，王莽岭翻了脸，房子大的石头变得比钢钎还硬，堵得一步都挪不动。

1979 年 11 月，熬了九天九夜的党支部决定，在庞大臃肿的王莽岭腹底钻一个五米宽的石洞直接冲出去！

111 名青壮年举着浓红的鸡血酒，对着四方形的苍天发誓："洞不通，人不回。"

站在最前头的党支书董怀跃指着 5 名党员硬硬地甩了一句话"遇到危险，要死先死咱"，就带着队伍直逼王莽岭。

然而，6 年时间，山洞只掘进了 105 米。

按照这样的进度和山的厚度一估算，执着的锡崖沟人得出了他们最不愿意面对的结论，打通王莽岭起码要用 80 年时间。筋疲力尽的锡崖沟人如同看到一张绝情的死刑判决书，那一天夜晚，一向沉稳的董怀跃发疯似的满沟哭叫……

次日，董怀跃和杨文亮同时病倒在床，一个七个月不起，一个半年未动。

第三次吸取前人失败教训决定依形就势、凿瓢皮洞、"之"字形伸进，盘旋到山腰，5 年成功推进了 3 公里：

然而，压不死、堵不绝的子孙们，又前仆后继接过了前辈的铁锤和钢钎。

1982年11月1日，以赵全纽、林小宝为"头羊"的党支部又撑起了修路的旗帜。他们响亮地提出了"愚公移山，汽车进山"的口号，董水成、赵软海、赵平银、郎成虎、董忠元等32名团员青年结队请愿参战，董福爱、董书平、董书军等人组成"父子兵排"，董三宝、郎二有为首组成了"光棍队"。

他们吸取前人的经验教训，商定沿着王莽岭边沿，依形就势，凿瓢皮洞，"之"字形伸进。

1984年秋，3公里的路盘旋到山腰后，被大面积的巨石区挡住了道，唯一的办法只能是棒钉和粗绳把人悬挂在半空中作业，这样，稍有闪失就会葬身深渊。进还是退？赵全纽、林小宝、赵软海、宋喜平、宋玉红、董书平等组成了10人敢死队，他们高喊着"不见阎王不撒手，见了阎王抬起头"冲在最前头。

他们在空中整整吊了5个春秋，硬是钻通了4个洞道，凿开了3公里石路。

第四次第三代支书带领又一茬年轻人住在山顶洞窟里，拼搏几年终于穿出了1445米山腰：

就在这一批人耗尽心血的紧要关头，3年前应征入伍的宋志龙回村了。

"接班，修路！"一句话，大伙举荐他当了党支书。

他带着锡崖沟的又一茬年轻人卷着铺盖，带上锅碗，索性住进了山洞里，直攻地形最险的老虎嘴。

一年多的"山顶洞人"生活，他们头发长到了脖根，胡子盖住了喉头，脸庞消瘦得一层一层地起皮。眼前的山洞一寸一寸地延伸着，穿出了 1445 米的山腰。

正是如此漫长的岁月、如此巨大的付出、如此难得的成果，才更加凸显出了锡崖沟人英雄群体如丰碑般的高耸和坚毅。然而，这背后其实是锡崖沟人最根本的共同目标和利益中的时代意义，那就是为了让锡崖沟村人活得更好。这虽是个相对较小的群体，却是全社会的一个缩影。在社会主义共同富裕的路上，一个都不能少，共同走向幸福美好生活，是中国共产党的根本目的和追求。有了如此重大的时代内涵，锡崖沟三任村党支部带领群众奋力拼搏就有了极为崇高的精神，况且越是艰难，越是努力，就越能体现令人敬仰的思想价值。

当然，无论是个体新闻人物塑造，还是群体新闻人物形象刻画，都不能过于生硬地强调时代意义，而只能在具体的事实中去挖掘，在事实艰巨性中去体现。同时，要特别注意两方面的倾向：一是为了表现群体人物的高大，言语词句中刻意拔高，非要来点高大上的口号，似乎不如此不足以体现其时代性，结果却造成群体人物与时代格格不入，反而显得可笑；二是一切行动和功劳都划拉到一两个重点人物之上，结果是脱离群众基础，显得鹤立鸡群，反而令人生厌。《路》的采写很好地避免了这样两种倾向：一是头雁人物就是为群众着想的，说的是群众的话，办的是群众的事，事事走在前面，"遇到危险，要死先死咱"，而不是高高在上，指手画脚；二是群众的行动完全与头雁人物统一步调，"敢死队""光棍队""山顶洞人"，真可谓一呼百应，同频共振，并没有什么超出现时的空头理论。从上述四次修路的重大战役时间段里，读者可以清晰地感受到，每一次决战都少不了群众的身影和呼声，都没有缺少集体的共同响应，当然更少不了头雁人物的率先和参与其中，这就给群体人物塑像构建了厚重的时代意义和深远的时代背景。

"太行七贤"修路也是如此，7位山民有退伍兵、村党员，倾尽各自多年积蓄，耗时9个月修通了油盆村连通外界的路。他们的积蓄来得多么不容易啊，那或是外出务工，或是肩背背篓外出卖药材、推销石英石，都是千辛万苦挣来的，但他们没想到去享受自己的劳动成果，而是想到要改变乡亲们的交通，要和大家一起享受大山之外的美好生活。记者没有过高地抬高他们的行为动机，他们讲不出什么大道理，他们当过兵，见过世面，知道外边的世界很美好，所以要帮助村民走出去，要用自己的双手改变落后现状；同时，他们也有朴素的报恩思想，因为村民过去也帮助过他们。正如赵安明所说，"早些年，俺家人口多，兄弟姊妹们又小，全靠村里接济。现在，手头有了点钱，替乡亲们办点事，也是应该的"。没有大道理，但有小道理，小道理寓于大道理之中，记者把这点挖掘到了，也非常平实而深刻地表现了出来，这就是作品的高光亮点。新闻群体人物写作，如同群体雕塑一样，需要高光亮点，没有主体人物们的突出表现，那群雕就会显得过于平面，也就失去了群体雕像的冲击力。所以，群体人物形象描写一定要注意时代意义和深刻背景的凸显。

有关战争英雄群体的几篇人物通讯也是如此。艰苦卓绝的战争背景，加上战斗的异常酷烈，在事实厚重而巨大的作用面前，群体人物的形象闪耀着穿越时空的光芒。不是吗？睢阳保卫战中，当张巡、许远等"所欲忠者，国与主耳"，"而贼语以国亡主灭"，在如此严峻情势下，英雄们毅然选择"外无待而犹死守"，其忠毅果勇的群体形象岂不跃然纸上？当子弹打光，敌人蜂拥而上时，棋盘陀上的五位英勇战士宁死不降，毅然选择了跳崖，此等英勇亦令"崖边的日军都惊惶失色了"，为了"守卫着边区东线的门户"，五壮士的形象岂不令人敬仰？还有朝鲜战场上的最可爱的战士们，面对穷凶极恶的敌人和极其恶劣的环境，他们打得猛，冲得上，吃得苦，爱人民，难怪记者于文末要发出那样的感慨：他们确实是我们最可爱的人！

事实正是如此，富有时代精神的人物最感人，他们是时代进步的代表，是时代发展的动力，更是时代光辉的聚集点。无论个体人物还是群体人物，在塑造他们的形象时，都必须在时代意义挖掘上多下力气。但是，这种时代精神又必须要在重大事实的艰巨中去体现，事实本身的厚重，才能更衬托出群体人物或个体人物的厚重。张巡、许远是在死守睢阳漫长而惨烈的战斗中更彰显出那个时代的忠义精神，而棋盘陀上五壮士则是以自己的生命和鲜血保卫革命边区，抗美援朝上战场的志愿军战士更是以自己的牺牲为新中国和共产主义献身。还有几代人修通了一条"挂壁山路"，让与世隔绝的锡崖沟人与外界的文明接上了趟；七位"太行贤人"，用自己的积蓄，修通了油盆村的致富路。在上述各个篇章中，群体人物的形象无不是在举世罕见的新闻事实中才分外闪耀出灿烂的光彩。从中足可以看出，事实的重大，更加能够凸显出英雄群体本色。事实本身的历史承载，值得众多英雄为之奋斗献身，在奋斗献身中才更加显示出英雄们的伟大和崇高。

细细读来，不难发现，上述几篇古今名作中，字里行间都不约而同地用上了丰碑等类似字眼，如《路》的肩题就是"一座几代人用血脉筋骨铸刻成的不朽丰碑"，《太行七贤》的文末为"峭壁上那条蜿蜒曲折的盘山路，却如一座不朽的丰碑"，而《棋盘陀上五壮士》则慷慨悲歌，称棋盘陀"像雄伟的烈士塔上不可动摇的石像"，而《谁是最可爱的人》中也同样用了"假如需要立纪念碑的话"，还有《张中丞传后叙》中亦有"所谓双庙（祭祀张巡、许远）者，其老人往往说巡、远时事"。丰碑、石像、双庙者，与人民英雄纪念碑一样，正是对历史史实永久而庄严的纪念，亦是对创造历史丰功伟绩的英雄们永久而庄严的浮雕般再现，可见在群体人物写作中，对事实本身的巨大意义的充分展现，该是多么重要。

二是在具体事例的逼真描写中，张扬群体人物的情感交流和认知互动的巨大能量。前面说过，群体不同于集合体，群体之间最大的特征是为了共同目标和共同利益，所有的成员彼此间有着真挚的情感交流和认知互动。正因为如此，面对艰苦而重大的事实，以及一个又一个的艰难险阻，如何克服困难、冲破阻力，向着共同的目标靠近，实现共同的利益，那需要在艰苦卓绝的斗争中，以群体间的相互激励、相互扶持，以彼此情感凝结而成的铁的意志去奋力夺取，其间情感交流上的有效互动，是战胜一切困难、取得决定性胜利的强大能量。

以刘开渠所倾情刻凿的主题浮雕《胜利渡长江》为例，群体浮雕中号兵的冲锋号是连接全体人员的纽带，指挥员的信号弹和发起冲锋的鼓动，则形成了群体人物的奋勇行动，由此凝结成了摧枯拉朽的巨大力量。那冲锋号和信号弹就是彼此间的情感交流和认知互动，正是这些鲜明的联系方式，达成了各个个体间的统一行动，从而为着一个共同目标而奋勇向前。

群体人物通过某种纽带联系在一起，为着共同的目标和利益，彼此间形成可观察到和有意义的联系方式，群体人物的各个个体间有着有效的互动，就会形成巨大的内聚力，这正是群体人物通讯的又一显著要求。人民英雄纪念碑各个浮雕,虽然人物众多,但人物与人物之间彼此都有着有机的相互关联,都会像《胜利渡长江》浮雕那样,有着突出的鼓动方式,有着群体的情感意向,这些也应该是群体人物通讯的具体体现。可以说,本文所列举的古今几篇群体人物写作范例,在情感交流互动上都有着独到描述,恰恰形成了人物间情感交流上的充分互动,才凝结成了战胜艰难险阻的巨大能动性。

如前所分析,人是有惰性的,群体人物间还会有更大的惰性,越是在艰难酷烈的事实中,越是在漫长的过程中,那种分离性的惰性就会更加容易产生,而一旦产生就会形成难以控制的离心力,就会涣散群体的意志,让一切努力毁于一旦。在这种情况下,群体人物的写作,就需要让情感凝结互动真正体现出来,唯有情感互动形成的意志才能战胜一切困难。《路》中对此体现得尤其到位,在这方面,通讯先是把群众对与外界联系的渴盼和期待写得十分充分,用了整整一个章节,写足了世世代代想走出去的欲望,以及走不出去的凄苦。然后才是县委书记的百感交集和修路的号令,接下来便是几代村干部和群众的血肉拼搏,每一次冲锋都充满了具体事例的逼真描写,充满了群体人物间的那种真情流露和互动。正是群体人物间不可分离的血肉相连,彼此间深切的情感交流和认知,形成了前仆后继、勇往直前的动力。为此,通讯对具体事例描述得非常逼真,一个又一个战役的展开,一次又一次的奋力斗争,其间头雁与群众的情感意志,都是紧紧地拧在一起,既有具体细节描写,又有相对全面的总体描述,有群体人物头雁人物具体活动,更有群体形象的事体的扎实刻画。写到111名青壮年群体举着浓红的鸡血酒,对着四方形的苍天发誓时,就有头雁人物的具体举动相跟随:"站在最前头的党支书董怀跃指着5名党员(当然也包括他自己）甩了句'遇到危险，要死先死咱'。"写到 1984 年秋，3 公里的路盘旋到山腰后，遇到大面积巨石区挡住了道时，10 人组成的敢死队高喊着"不见阎王不撒手，见了阎王不回头"，细写之后又是一段总体概述："他们虽没人'见阎王'，却有 2 人被铁锤打断了手指，4 人被石头砸断了臂，每一个人都是遍体伤痕，至今那峭壁上还依稀可见血淋淋的手印。"对于"壮怀激烈的 450 个日日夜夜"，更是具体和总体、细写和概述相结合，在逼真中又有大场面，令人读之不由得血脉偾张：

那是多么壮怀激烈的 450 个日日夜夜——

口渴了，抓一把积雪，润润嘴唇；胃空了，啃两口干粮，喂喂肚子；烫热的钢钎烤烂了手心，揭起了皮，狠心洒上一把土，伴着泥的血顺钎一道一道往下流；指甲盖碰掉了，钻心地疼，撕烂衣服缠住继续干……

这种拼命三郎的牺牲精神，这种"愚公移山，挖山不止"的信念，无不在具体事例的描写中，彰显得那么逼真感人。记者以娴熟的笔法运用，起伏跌宕的故事叙述，言辞情感的饱满释放，给读者送上了群体人物形象塑造的美妙大餐。30 年不能说不够漫长，然而在具体的画面中，又显得那么短暂，如同回放一部部短视频，让锡崖沟人百折不挠的铁人意志，再次活灵活现地展示在读者面前。正因为具体，才异常生动；正因为逼真，才如此感人。正因为如此充分张扬了群体人物的情感交流和互动，才产生那么巨大的力量，所以才会在 30 年间持续发挥着永不枯竭的鼓动作用，让人们前仆后继地去战胜祖祖辈辈所面对的封闭阻隔，其间遇到再多再大的艰难也不能将群体意志涣散击垮。

由此看来，要把群体人物写得生动，如同个体人物写作一样，必须通过具体事例的逼真描写，再现当时环境，通过人物心理情景，以及精神风貌的展现，烘托群体人物活动氛围，提升作品感染力。美国密苏里新闻学院写作组《新闻写作教程》论述到逼真的描写时说，所谓逼真，就是要对读者的感官产生感染力。教程提出："人有五种感官——视觉、听觉、嗅觉、味觉和触觉，好作品至少要对其中一种或几种产生感染力。"教程还特别列举了海明威具体描写再现的能力，说不论是在写新闻报道的时候，还是在写小说的时候，作家欧纳斯特·海明威总是要力图对读者的感官产生感染力。西班牙国内战争期间，他在马德里为《纽约时报》写的一篇稿件中有这样几句："这里整夜都在交火。来复枪嗵吭嗵吭地响着，机关枪也不停地叫着。机关枪口径更大，声音也更大——哒哒哒，哒哒哒。"这种对来复枪和机关枪枪声细致而逼真的描写，至少对一种感官产生了感染力，那就是最为敏感的听觉，由听觉而辨别出战争的激烈而持久。看到海明威对交火的枪声的逼真描写，让人想到《棋盘陀上五壮士》中同样有着非常逼真的交战情景的描写，因为逼真描写，使群体人物五壮士的精神风貌得到极好展现：

留下的是六班五个健壮的年纪都在二十五岁以下的青年。

五个人从横岭由北往南向陀上靠。这样，就转到敌人和连的主力的侧面，可以阻击敌人，掩护主力安全从容地移撤。

"筒，筒，……拍……"四支套筒和一支三八枪在响着。

枪吐出勇敢的花朵，把拉网的敌人都吸引到五个人的周围来了——

"空，轧轧……空空轧轧轧"敌人的掷弹筒和机枪全向五个人伸出长长的火舌。

班长马宝玉，仍像往常一样的稳重，不多说话，沉着地指挥：

"宋学义，先走。"

"不，你先走。"

"我比你走得快，快走嘛！"班长怕矮个子宋学义走不快，急起来了……

"胡福才跟着胡德林，向上爬，走这条路。"

路是什么样的路呢？一句话：不是深崖绝壁而能够借着荆条草根攀爬的就算是路了。在这条路上，日本人的皮靴没有能够站稳，有八个"皇军"摔下崖去，没有等到那五个人的子弹赶上去迎接他们。

而这五个两年前是贫农的战士，是在敌人的炮火追击下爬上去了，就像两年前他们在家里上山去割草一样。

机枪热得伸长它的火舌，掷弹筒的心"空空"地跳着向前追赶。

"拍，筒筒——筒筒，拍……"五支枪在断断续续地抵抗。

……

读了这一段文字描写，可以清晰地感觉到记者用上了两种敏捷感官，即听觉和视觉，通过现场的各种枪声的交叉响声，以及绝崖之路的惊险描写，还有掷弹筒和机枪伸出的长长的火舌，揭示出敌我双方力量的悬殊和战斗的残酷。"筒，筒，……拍……"四支套筒和一支三八枪的响声，显示着五壮士顽强的抵抗；"空，轧轧……空空轧轧轧"敌人的掷弹筒和机枪的声响显示着敌人的强大。加上那向五个人伸出长长的火舌的视觉描写，无不给人以身临其境的感觉，陡增了读者牵肠挂肚的担忧。

　　五个人节节向陀顶撤。

　　"轧轧轧……"火舌跟着。迫得只有向南退。

　　"班长，班长！"胡福才嚷起来了："糟糕！"

　　"什么？"

　　"咱们这块地方三面都是绝崖！"

　　一点也不错。三面绝崖，当中是三米阔的长条凹地，只有一条"路"可以从西北面两个小坡头之间过来。三架机枪在左右和前面叫啸着，三个掷弹筒就离小坡头三百多米远。

　　然而，凹地和长草可以隐蔽，小坡头可以利用，机枪不发生效力，敌人也难于上来。

　　班长看完了地形。"同志们，"他音调沉重地说，"只有拼了，敌人很难上来，他来一个就打一个。"

　　"在这里反正是不会赔本的了。"胡福才说。

　　"轧轧轧……"机枪在三面咆哮。敌人离开坡头有二百多米远了。

　　"瞄准，"班长命令着，"放！"一个在草里抬起头来的敌人滚下山去了。

　　敌指挥官挥着红旗在吆喝着。

机枪加紧，掷弹筒的炮弹落到崖下去。

"呀……"三十多个敌人从一百多米处冲上来了。

"优待优待的——优待的……"日军的叫声。

班长的脸涨红了："优待你一个手榴弹！"

"轰！"大家都掷下手榴弹，"轰轰轰！"

"皇军"习惯于打滚——翻身就下去了。血染红了山坡……

枪和手榴弹接连打下去了敌人第二次和第三次的冲锋。

第四次：大山经过一度静默，忽然又像从梦里惊醒过来似的——

"轧轧轧轧轧空，空。轧轧空空，……"机枪弹筒齐声咆哮，山岳震动。

"筒，筒别——班长"胡德林叫着，"我的子弹没有了。"他挥着他的空弹夹子。

"手榴弹。"

"手榴弹也只有一个了。"

"谁不是一个，看我的——"宋学义举起他的手榴弹在旁边咕噜着。

"呀……呀……呀……"这回三十多个尽是日本兵。

"轰轰轰……"皇军们又一次地翻了他们的跟头，留下几摊鲜血滚下去了。

班长还有一颗手榴弹，这是全坡最末一颗手榴弹了。

手榴弹给手握得紧紧的发热。

……

除了枪声和手榴弹爆炸声的描写以及撤退到悬崖绝顶的恶劣环境描写外，此段又增加了能够产生感染力的另一种感官——触觉，致使通讯作品更深刻地向前推进了一大步。在"轧轧轧轧轧空，空。轧轧空空，……"更为残酷的枪弹咆哮声中，壮士们的子弹也打光了。"手榴弹也只有一个了。"记者描写说，"手榴弹给手握得紧紧的发热"。手榴弹给手握得发热，这是通过肌肤切入心肺的触觉。为什么会握得发热呢？说明战争到了生死抉择的最后时刻，如此发热的触觉让作品上升到了巅峰：

> 沉默，班长眼望着前面的青天：坡顶上有一朵小野红花在秋风里摇曳。
>
> 班长思念着：这最后的一响爆炸是给敌人还是给现在都齐集跟前用灼热的眼望着自己的同志们？
>
> 山坡下有一个头在伸探。
>
> "轰！"惊天动地的声响从班长手里摔下去。
>
> 沉默。五双眼睛在交换，五颗心在奏着一个节拍，燃烧过的枪支紧握在各人的手里。
>
> "好的，同志们！"班长拍了一下大腿，"只有一条路——"接着是低哑的语声："咱们跳崖！"每一个字都像铁锤一样地打入五个人的心坎。
>
> "对！"葛振林响应了他的小组长的号召，"咱们坚决抗日到底，为了保卫边区，咱们死也是光荣的！"
>
> "都是八路军，不是边区的也是中国人！"河南人胡福才涨红了他的脸。

"行啦,跳吧!"胡德林站起来,山坡上映着伟大的身影,"要死咱们都死在一块吧!"

山坡下,机枪轧轧轧地又在咆哮了。

"呀……呀……呀……"那是敌人第五次冲锋。

敌人的头也看到了。

班长叫着:"同志们,我们的武器也不要给敌人拿去呀!"

"拆!"班长那支曾经用血去换来的三八式步枪,被他自己的手砸在大石头上断成两段。四支套筒枪接着也给毁坏了,这是战士的伴侣、生命的枪呀!

"剥!"是敌人没有响的手榴弹落在脚下。

"跳吧!同志们!"班长喊着。

五个人一齐,向下……

这段文字中,两次出现"沉默"二字,战斗还在进行,战士的重任已经完成,此时的枪声似乎已不重要,听觉变得虚无缥缈,然而视觉的强化再次增强了感染力:"坡顶上有一朵小野红花在秋风里摇曳""齐集跟前用灼热的眼望着自己的同志们""五双眼睛在交换,五颗心在奏着一个节拍,燃烧过的枪支紧握在各人的手里""山坡上映着伟大的身影""五个人一齐,向下……"五个伟大壮士的群体形象,就是这样在记者精妙绝伦的具体描写中,通过听觉、视觉、触觉不断变换,对读者产生出极大的感染力,极大地感动和鼓舞着边区广大官兵。

此报道发表在 1941 年 11 月 5 日《晋察冀日报》上,是记者沈重的秋天反扫荡手记中的一篇。同年 11 月 7 日,晋察冀军区司令员聂荣臻等首长签署的训令中,正式称为《狼牙山五壮士》,后入编小学语文课本。

狼牙山五壮士用鲜血和生命谱写了一首气吞山河的壮丽诗篇，显示了中华儿女宁死不屈的伟大精神。以后的电影、连环画等文学作品都做了再创作，沈重的作品无疑是最为难得的各类创作的蓝本。《棋盘陀上五壮士》正是以生动逼真的描写，为读者再现了那场惨烈的战争场面，又以壮士间视死如归的情感交流和认知互动，真切描绘了他们以身殉国的英勇气概，形成了可听、可观、可感又更为可信、可敬的群体雕塑。同样的体裁，同样的群体性人物形象还有"八女投江"，反映的是东北抗联妇女团 8 名战士为掩护主力部分安全转移，主动吸引敌军主力，在弹尽被围后毅然集体投江，壮烈殉国，最小的年仅 13 岁。今天，牡丹江畔"八女投江纪念碑"的群体雕塑，依旧歌颂着当年女战士们的壮举。

为什么特别强调情感交流和认知互动，因为群体人物描写少不了彼此的血浓于水的真情和行动。好的行动具有极大的号召力和影响力。在统一而巨大的行动中，群体间往往不要特意地鼓动，只要去行动就能管用。共同的目标和认知，加上统一的意志，自然会生成情感上的催化互动作用。特别是那些无私的言行，更具有感染力和示范性，更能对全体人群产生极大的影响作用。《太行七贤》的情感互动描写得同样非常鲜明，其通讯的开头和结尾，就是油盆村人充满真挚情感的话语交流。开头大伙的话就很滚烫："'记者同志，替俺们好好写写他们。他们可是给俺们村修了条救命路啊！''记者同志，他们的钱来得不容易啊，一分分都是苦汗钱'……听说北京来的记者要采访修路的事，油盆村顿时沸腾了，男女老少奔走相告，顷刻之间，我们就被围得里三层外三层。"这是有了路的油盆村民的真情流露，只有发自内心的感激才会向外人如此诉说。事实说明，一个藏在太行山褶皱里的偏僻村落，因为7名党员和退伍兵把自己毕生的积蓄全拿了出来，替乡亲们修筑了一条通往山外的致富路，老百姓的感激真是无法用语言所能表达的。然而，七贤之一的赵安明却感激着乡亲们，感动着他们的感动，在他看来，是彼此的统一行动才完成了伟大的民心工程。赵安明的话很实在："实际上，这条路应该是俺全村人共同修的，俺们7个只不过是带了头。你看，修路的那些日子，每天都有三四百乡亲赶来帮忙，有的家里缺少劳力，就拿出鸡蛋、菜送到工地上。路要经过谁家的地块，不用吭声，人家就主动让出。村干部们更是跑前跑后给我们做好后勤工作……没有大伙的支持，单凭我们7个人，这路是无法修通的。"这种情真意切的交流，不但凝聚了七贤的意志，也凝结了全村人的心劲，那还有什么难修的路修不通呢？

面对困难如此，面对生死也是如此，为着共同的目标和利益，又达成了情感上的共识，那么困难算什么，生死也在所不辞。志在"守一城，捍天下"的张巡等就是这样，"城陷，贼以刃胁降巡，巡不屈""又降霁云，云未应"，巡呼云曰："南八（南霁云排行第八，故称），男儿死耳，不可为不义屈！"正是为了"义"，为了"忠"，以张巡为首的众多志士才会"就戮时，颜色不乱，阳阳如平常"。同样地，面对敌人又一次冲锋，没了弹药的五壮士，响应着党小组长的号召："咱们坚决抗日到底，为了保卫边区，咱们死也光荣！"在朝鲜第二次战役的时候，有一支志愿军的部队去切断敌人的逃路，通讯描写道："勇士们在这烟与火的山岗上，高喊着口号，一次又一次地把敌人打死在阵地前面。""勇士们的子弹打光了……勇士们是仍然不会后退的呀，他们把枪一摔，身上帽上呼呼冒着火苗，向敌人扑去，把敌人抱住，让身上的火，也要把占领阵地的敌人烧死……"最壮烈的场面是："烈士们的尸体，保留着各种各样的姿势，有抱住敌人腰的，有抱住敌人头的，有掐住敌人脖子把敌人摁倒在地上的……"如此细致的描写，有力地证明着一个真理：信念会产生巨大的战斗力，情感交流互动是战胜一切困难和敌人的巨大动能。只为明白死，不为糊涂生，是所有志士仁人的铁石信念和不屈意志。

群体人物通讯必须凸显群体的意志，如同群体雕塑要让人们从中感受到众志成城的力量一样，各自不同的形象、个性、品质，都要统一在群体的形象刻画之中，在群体中凝聚成一往无前的坚强信念和意志。这是群体人物通讯最需要下功夫去塑造、去表现、去描述的。要形成凝聚人心的铁一般的意志，必须要寻求到最能打动人的精神，那就是在共同目标和利益驱动下，由一种人人明白的情感和认知作为心灵纽带，这样的群体人物刻画是最具有震撼力的。上述几篇古今群体人物写作，可以说无不成功地体现了出来，所以才成为流传久远的名文大作。

三是在头雁人物的细致刻画中，凸显带头人的责任担当和群体向心力的血肉关联。群体人物离不开头雁的带领，很多情况下，没有头雁的引领就没了方向，没了凝聚力和向心力。特别是在战胜巨大的需要共同面对的困难，或者是强大的敌人时，如果没有强有力的领导，就不可能达到共同的目标，实现共同的利益。所以，头雁的发现和塑造，是群体人物通讯不可或缺的笔墨。

当然也不是什么群体人物通讯都要突出头雁作用，比如前面说到的两个范例，《谁是最可爱的人》和《世说新语》中的"竹林七贤""建安七子"等就没有头雁人物，但仍然是群体人物写作的又一类成功范本。不过，在平常大多数群体人物通讯的采写中，都会遇到头雁人物问题，都会在头雁与群体的相应处理中多花心思。事实上，从古至今，头雁级人物的产生和作用，无不隐含着太多的故事。比如，《史记》中的"本纪""世家""列传"等群体人物写作中，每个头雁人物产生的背后都有惊天动地的故事。他们或如陈涉借助神力，埋书鱼腹，狐鸣而呼"大楚兴，陈胜王"，尔后召令徒属，设坛而盟，祭以尉首，陈胜自立为将军，后又称王；或如项羽怒杀宋义，出令军中，以宋义与齐谋反罪名，而假楚王阴令而诛之，诸将皆慑服，皆曰"首立楚者，将军家也"，乃相与共立羽为假上将军；或如刘邦用尽心思，恩威并重，取得诸父老信任，皆曰"平生所闻刘季诸珍怪，当贵，且卜筮之，莫如刘季最吉"，乃立季为沛公，其间也充满了阴谋诡计。

在当今或更远的革命斗争中，头雁的产生则意味着奉献和牺牲，意味着对全体人物负责，对事情勇敢担当。锡崖沟村第一任村支书牺牲在修路上，第二任和第三任也都是勇敢地扛起了修路大旗，才得到全体村民的信任，从而走上"接班，修路"的头雁岗位。油盆村七贤虽然不是群体投票选举出来的，但首先觉醒了的转业军人、共产党员赵安明，把其他6位"见过世面的能人"找到一起，发起了修路倡议，也就成了勇于奉献的带头人。在棋盘陀上五壮士中，班长的作用同样是牺牲和奉献的代名词，如文中所说，"他永远关心着旁人，为了旁人，他宁可自己落在后边掩护撤退。也就是因为他对人忠诚，获得了全连人的热爱，并被选为党的小组长"。当最后一颗手榴弹掷给敌人后，班长拍了一下大腿，说："咱们跳崖！"然后喊着："跳吧！同志们！"头雁在此成了带头赴死的代名词。就是在睢阳保卫战中，位本在巡上的许远，为了大局，为了更有效抵御叛军，毅然开门纳巡，并"授之柄而处其下，无所疑忌，竟与巡俱守死、成功名"，事实上，此时选择了睢阳太守之位，就是选择了先死之权，正因为此，张巡与许远同受后人敬仰。可以说，头雁的胸怀和胆略，当之无愧地成为群体人物的精神旗帜。

由此看来，头雁无疑是群体向心力的集聚点，塑造好了头雁形象，也就更有利于群体形象的塑造。但是，在实际的谋篇布局中，必须注意处理好头雁与群体的辩证关系，当然还要明白，头雁只是群体的一部分，而不是全部，如果忽略了这一点，过多或偏重于头雁描写塑造，就会使群体人物形象受到过偏的影响，或重心不稳，或过于集中，结果反而会成了个体人物形象塑造，甚至影响群体形象的丰满，留下残缺不全的历史遗憾。比如，人民英雄纪念碑的群体浮雕设计中，有资料表明，最初设计的意见是，画面上拟集中突出洪秀全、林则徐等知名人物，还包括一些当时仍然健在的领袖人物。如果真是那样，其实就失去了群体浮雕的丰富内涵。群体人物形象描写也是如此。如果处理不好群体与个体的关系，很可能会带来群体形象刻画上的缺陷。所以说，对头雁过于集中笔力和表现力，不是群体浮雕或群体人物塑造的应有之义。当然，并不是说群体人物不需要头雁，而是在强调头雁的作用时，应放在群体行动中去体现，要和群体形成统一意志体，从中显示出头雁在群体中的凝聚力和感召力。

因此，在群体人物形象描写中，必须十分注意处理好头雁与群体的几方面关系。首先要特别注重头雁的行动一定要与群体形成互动，头雁是共同目标和共同利益的执行者，但不是让头雁单打独奏，去唱独角戏，而是需要头雁一呼百应，形成统一意志和同频共振的行动。比如，人民英雄纪念碑碑座浮雕，那都是整体互动的构思，画面上会有一两个或两三个主体人物，或招呼群体，或带头前行，或彼此跟进，可以说有主有次，有呼有应，整体和谐，群体互动。比如，群体丰碑式的新闻名篇《路》，也有三代支书为主体人物，同时更有一代又一代群体人物或代表人物相衬托；《太行七贤》同样很恰当地处理好了头雁与群体的关系，既有头雁的倡议，更有群体的响应，最终带动起了全村人的行动；《棋盘陀上五壮士》中的班长无疑处于头雁地位，但"布尔什维克"战士的响应，以及矮个子宋学义、有着年轻人嗓音的胡德林等亦有多彩描述，才使群体形象愈加光芒四射；还有《张中丞传后叙》和《史记》中"本纪""列传""世家"等群体人物塑造，同样都注意到头雁和群体的相互照应，因为整体丰富厚美而更显得气足神完。

特别是韩愈描写张巡和许远死守睢阳的壮烈举动，其作品就很好地处理了头雁与群体的互动关系，不仅写作手法多变，而且突出主体人物的同时，还特别注重刻画普通人物，并且以主体与群体的相互照应，达到群体形象的厚实丰满。作品前后两部分各有侧重，前半部分议论与叙事结合，主要以议论为主，叙事为辅。针对污蔑许远畏死而降、守城不力等谣言，进行言辞尖锐、有理有据的驳斥。同时，在驳斥中补叙许远开门纳巡、主动让位于张巡，共同死守睢阳，力拒叛军；在"国亡主灭"的情势下，许远仍和张巡"苦守尺寸之地，食其所爱之肉""以与贼抗而不降"。最后发出义正词严的正论："守一城，捍天下，以千百就尽之卒，战百万日滋之师，蔽遮江淮，沮遏其势，天下之不亡，其谁之功也！"这是对各种不实之词最有力的批驳，是对许远和张巡功绩的最好肯定，更是对英雄群体最崇高的赞颂。难能可贵的是，韩愈在塑造大英雄的同时，没有忘记对普通群体人物的形象描写，在文章的后半部分的重点叙事中，着重记叙了南霁云的动人事迹，同时又补叙了张巡、许远的一些逸事，既凸显了头雁人物的责任担当，又强化了群体人物的向心力，还描写了头雁人物的生活化一面，真正为睢阳保卫战塑造了血肉丰满且巍峨高耸的英雄群像：

愈尝从事于汴、徐二府，屡道于两府间，亲祭于其所谓双庙者，其老人往往说巡、远时事，云：南霁云之乞救于贺兰也，贺兰嫉巡、远之声威功绩出己上，不肯出师救。爱霁云之勇且壮，不听其语，强留之，具食与乐，延霁云坐。霁云慷慨语曰："云来时，睢阳之人不食月余日矣！云虽欲独食，义不忍；虽食，且不下咽。"因拔所佩刀，断一指，血淋漓，以示贺兰。一座大惊，皆感激为云泣下。云知贺兰终无为云出师意，即驰去，将出城，抽矢射佛寺浮图，矢著其上砖半箭，曰："吾归破贼，必灭贺兰，此矢所以志也！"愈贞元中过泗州，船上人犹指以相语。城陷，贼以刃胁降巡，巡不屈，即牵去，将斩之；又降霁云，云未应。巡呼云曰："南八，男儿死耳，不可为不义屈！"云笑曰："欲将以有为也。公有言，云敢不死。"即不屈。

张籍曰：有于嵩者，少依于巡。及巡起事，嵩常在围中。籍大历中于和州乌江县见嵩，嵩时年六十余矣。以巡初尝得临涣县尉，好学无所不读。籍时尚小，粗问巡、远事，不能细也。云：巡长七尺余，须髯若神。尝见嵩读《汉书》，谓嵩曰："何为久读此？"嵩曰："未熟也。"巡曰："吾于书读不过三遍，终身不忘也。"因诵嵩所读书，尽卷不错一字。嵩惊，以为巡偶熟此卷，因乱抽他帙以试，无不尽然。嵩又取架上诸书试以问巡，巡应口诵无疑。嵩从巡久，亦不见巡常读书也。为文章，操纸笔立书，未尝起草。初守睢阳时，士卒仅万人，城中居人户亦且数万，巡因一见问姓名，其后无不识者。巡怒，须髯辄张。及城陷，贼缚巡等数十人坐，且将戮，巡起旋，其众见巡起，或起或泣，巡曰："汝勿怖！死，命也。"众泣不能仰视。巡就戮时，颜色不乱，阳阳如平常。远宽厚长者，貌如其心，与巡同年生，月日后于巡，呼巡为兄，死时年四十九。

这是《张中丞传后叙》的后半部分，是用非常细腻的笔触，工笔画般地描绘出南霁云拔刀断指、抽矢射佛、誓言必灭擅强坐视的贺兰进明的英烈之气，而且又细致描述了张巡记忆惊人，读书过目不忘，为文取笔立书，与人交往无不识者，还有许远宽厚长者等逸闻趣事。而其前半部分则以夹叙夹议的方式，浓墨重彩，如同雕塑中的大块面材料涂抹，满满几把就勾勒出重要人物的大致轮廓，点化出主体人物的高大形象。依行文风格言，前后两部分似乎不多搭配，但总体来看，议论与叙事相结合，前有定论，后有故事，却也别有意味，颇耐咀嚼。特别是后半部分的细笔描画，与前半部分形成绝妙配合，让南霁云的具体行动响应着张中丞和许远的惨烈，让张巡和许远的趣事，衬托着英雄主体视死如归的洒脱伟岸。这就是头雁人物与群体的情感交流和互动，睢阳保卫战不仅是张巡和许远两位头雁人物的事，更是如南霁云那样一大群英雄的事，张巡和许远也不是不食人间烟火的孤胆英雄，他们有着常人所共有的喜怒哀乐，更有着与常人一样的读书及生活快事。通篇文章正是在头雁人物的重点刻画中，张扬了与群体的血脉交融，更显得主体突出，群体浑厚。

其次是注意突出头雁人物个性的大众化描述，头雁是领袖，是头羊，但不是神，也会有七情六欲，也有烟火气，在群体人物中他们就是个性鲜明的一分子，而不是高高在上、霸道横行的独裁者。事实上，在群体人物的塑造中，头雁人物越普通、越朴实，越能显出真性情，越能与群体打成一片，也越为群体所折服，也就越具有号召力。在《路》中，第一代老支书因不懂科学方法，两次组织修路失败，他悲愤到了极点，也痛苦到了极点，出口便流露出了大段粗俗话语。那是在 6 年只凿进了 105 米，事实说明用打通山洞的办法又行不通，通讯写道："那一天夜晚，一向沉着稳重的董怀跃发疯似的满沟哭叫：'锡崖沟人完了！锡崖沟人完了！大山呀，老天呀！你对锡崖沟人究竟有多少仇，多少怨！让你爷这党支书怎么当！'"这发疯似的形象，满沟哭叫的动作，"你爷这村支书"的粗口，是不是够野够俗的，但并不会因此而影响头雁人物的形象，反而因其率性而为，真情流露，更显示出了老农民代表的纯朴耿直，更凸显了新闻事实的艰难，更能体现头雁的责任承压，自然也更能带动群体形象的提升。《太行七贤》中也揭出了七贤之首赵安明"家丑"，即为修路卖掉盖房用的木料，大年三十晚上被老婆赶出家门，从而引出了老婆一大段抱怨，然而丝毫也不会损害头雁人物的形象，一样更突出了头雁的情怀，张扬出了事实的深重和七贤群体的高大。还有陈涉也没有因为"涉之为王沉沉者"而影响了"首事"亡秦的历史功绩，项羽没有因为"富贵不归故乡，如衣绣夜行"的"沐猴而冠"而黯然失色，刘邦也没有因为"踞床，使两女子洗足"而令郦食其小瞧，而正是他从谏如流、知人善任而最终成就了大业。真实描写、对比映衬、反差强烈等多种精致刻画，在这里更加增添了群体人物形象丰富多彩的一面。所以，朴实、准确、简练地处理头雁与群体的相互关系，真实具体地描绘头雁人物的常人情怀，会对群体人物塑造起到"满园春色关不住"的奇妙效用。

三、群体人物的采写攻略

　　群体人物采写与个体人物采写，有所同也有所不同，相同之处在于，为了写活人物，都要巧结构、善细节、好语言、会表现、有思想、多手法，不同处就在于，要塑造好群体人物形象，必须注重重大事实艰辛程度的挖掘，以及群体情感多样性采撷，还要有更为喷薄饱满的采写激情。

　　首先是重大事实艰辛程度的挖掘与描述。

　　群体人物是要在重大事实的呈现中体现的，事实越艰辛越具决定意义，越能呈现群体人物历史价值。那么在事实的挖掘上，就需要下很大功夫。先是事实艰巨性的现场体验感受和再现。同时，必须强调，挖掘得好还要描述写作得好，即挖掘到位，也要描写到位。只有挖掘和描写得好，才能更好地体现群体人物奋斗不止的社会价值。

　　和其他报道一样，新闻采写提倡记者在现场，群体人物的采写更要到现场，不光到现场，还要提倡体验式现场采写和感受。前面说过，群体人物的活动是在相对单一的重大事实中突出展示，那么事实的重大和群体人物为之所做出的巨大牺牲，必须通过现场体验式采写去挖掘发现。

　　业内有句行话："新闻靠脚板走出来，靠田间地头聊出来。"可以说，凡有"温度"的新闻，无不是源自新闻现场，优秀的群体人物通讯更是如此。据《太行七贤》记者透露，这篇群体性人物报道在《人民日报》头版头条推出后，引起了强烈的社会反响。河北省委、省政府还把这条路命名为"七贤路"。在当年的全国交通工作会议上，国家计委、交通部也把"七贤模式"作为经验向全国推广。岂不知，如此重磅的群体人物通讯，就是迈开双脚走下去，攀峭壁，走险道，与七贤和村民一起走出来的，也是聊天和体验发掘出来的。当时记者正在做编辑工作，在废纸篓里发现了这样一条不足 200 字的简讯。他想到，别人有了钱图享受、讲奢侈，他们为什么会用血汗钱去修路，其中必有值得挖掘的社会价值。于是，他利用双休日，坐上火车赶到石家庄，马不停蹄又颠簸几十公里赶到灵寿，一刻没休息，又赶往油盆村。为了体会山民修路的艰辛，记者徒步走完了沿着峭壁而修的山路，以致劳累过度休克过去，正是如此艰苦投入的现场体验，观察感受，聊天交游，才获得了众多特别富有价值的材料。他看到，修路带头人赵安明一路上都在像爱护孩子一样，爱护着那条用心血浇铸的山路，见什么地方不平，马上找来碎石填平，什么地方突起了块石，捡起扔进沟中。他还了解到，赵安明为了修路拿出了全部积蓄，又卖了房料，其他几位更是东借西挪。为了修路，油盆村民也深受感召，全都上了阵。正是如此艰巨庞大的工程，如此无私奉献的付出，才有了那么多感动记者的故事，也才让他倾情写出了特别感动人的报道。

对重大事实有了深刻挖掘和感悟之后，记者做了更为感人的背景叙写。在这方面来说，为了表现事实的重大和艰巨，其背景写作得越充分、描述得越生动，越能突出群体人物为之付出和奋斗的深远意义。《太行七贤》的记者在充分采访的基础上，对七贤执着于修路的现实背景做了深刻而生动的描写，其文字简洁而秀美，形象而可感，为作品的展开和价值体现做了足够厚实的铺垫：

油盆村，位居太行山腹地，是全国重点贫困县河北省灵寿县最穷的山村。大自然的鬼斧神工似乎存心与油盆村作对：大油坨山、小油坨山、芝麻山、油罐山四壁合围，将油盆村深深置于盆底。盆里，乱石嶙峋，沟壑纵横，地无三尺平，全村 318 户 700 余口人就星星点点散落在沟壑间。山里没有路，唯一的通道是山溪在乱石穴蟠间冲出的一条弯弯曲曲的小沟，狭的地方宽不盈尺。一到冬天，沟水结冰，稍不留神，就会滚坡。全村人大都有过滚坡的经历：轻则擦破皮肤，重则伤筋断骨；赵玉栓摔成脑震荡，高连兵摔断了腿，李国林被树杈把头皮揭下来……因为行路难，有多少村民患了急病得不到及时救治而丧命：武兰柱、赵多余……村民给我们说了一长串名字。

因为行路难，油盆村人始终被贫困的阴影笼罩着。1993 年，全村人均收入只有 200 多元。尽管山杏、山梨、猕猴桃、山核桃遍布山沟；大理石、云母、石英石等矿藏满山遍野，但是，油盆村人只能守着金盆讨饭吃……

这样一番背景性材料写作得非常形象而精彩，正是如此铺垫描写，才让读者真正了解了"太行七贤"为什么会那样执着地为民修路，他们的奉献是多么难能可贵。路不通，村民出门会滚坡，受伤无数，疾病也得不到及时救治，还有更为重要的一点，那就是难以改变贫困落后面貌，就要忍受持久的贫困，守着金盆讨饭吃。要是有条路，村里用不了几年就能赶上外面的好时光。当然"太行七贤"的朴实想法也是为自己，挑头人赵安明明白告诉其他几位修路者，凭咱辛苦挣来的几个积蓄，也经不起磕碰，要是能修条路，全村受益，咱也会沾光。通讯把背景写实了、写透了，也把道理讲明了、讲透了，那修路的精神更着实、更亮堂，也更能打动人、感染人。再一点，记者写得又很生动、很形象，把油盆村的位置用"盆底"来形容，又把油盆比喻为"金盆"，没有路就是守着金盆讨饭吃，这就不是一般的叙述，而是令人过目难忘的形象描写，这是作品又一值得记取的经验。

相对"太行七贤"群体人物报道来说，《路》的工程更为艰巨，困难更为惊人，付出的心血自然更感天动地。记者在村里，在现场，在沟里沟外，得到了更多攻坚克难的感人事迹，得到了更多震撼人心的故事。因为没有路，锡崖沟付出的艰辛难以胜数，许许多多的现实情景更残酷，许多历史悲剧更惊心；而要想修路，锡崖沟面对的现实问题也更巨大，自然环境也更恶劣；如真要修路，锡崖沟人面对的难题将更多，所要经历的时间将会更漫长，曲折艰难的程度比油盆村不知要大多少倍。当然可供记者采写的故事也更丰富，所能够展开的故事也更精彩，记者做到了这一点，真正把重大事实的艰辛程度挖掘到家、描绘到位，为群体人物形象塑造提供了足够厚实的背景色彩。在整个作品中，记者整整用了一节，即通讯的五分之一，对背景材料进行了充分铺陈：

在山西省陵川县的县志上曾有这样一段描述：东有马东岭之屏障，西有白桦山之阻隔，北有王莽岭之险峰，南有青峰巍之对峙。四山夹隙之地称曰锡崖沟，因地形险恶，绝路，沟人多自给自足，自生自灭。偶有壮侠之士舍命出入。

不用说，这是一段取自县志上的资料，看来是现成的，此处拿来却颇为用心，一是权威精彩，二是加工之后更加引人入胜，即如此险绝之地，又偶有壮侠之士舍命出入，那么会是什么样的结果呢？显然，记者是借材料说故事，巧设龙门阵，为后边更为险绝的事实做铺垫。这一点非常好，现成的权威材料不可少，但史料如何用，怎么安排得巧，却挺见功底。材料要为作品服务，为重大事实增色，与整个群体人物雕塑相吻合，不能单纯地为了引用而引用，更不能弄得骨肉两分离。此文既写地势之险绝，又写偶有壮侠之士舍命出入，那就加重了事实的分量，为提高群体人物出场的亮度增色。请看：

　　"壮侠"们出入的路，是指那条通向河南辉县上十八里乡的"蚂蚁梯"和"搭钩梯"。

　　那一年腊月，大胆的郎万林爬出山后，想让沟里人也过上个"明晃晃的年"，好心的小伙子用一把党参换了30斤煤油往回背，哪知，在一个转弯处没站稳，连人带油照直掉进了几十丈的深渊。

　　"当光棍当疯了"的林守义，好不容易从河南说下一个小媳妇，一步一挪地往回蹭，不知哪一脚没踩实，结果喜事办成了丧事。

　　二虎娘误把"六六六"粉当成榆皮面下了肚，汉子们心里着急，脚下迈不开步，眼看着老人疼死在半路上；21岁的董秋忠患暴痢，也是这样死在了路上……

此段重大事实艰辛程度的挖掘和描述可谓触目惊心，不仅巧妙地用上了县志史料，而且又起到很好的过渡作用，看上去好像是说历史上"壮侠"舍命出入那条生死路，其实是要写现实版的"壮侠"。因为没有路，现实中的"壮侠"为了让沟里人过个明晃晃的年而连人带油掉进深渊，为了娶个媳妇结果把喜事办成了丧事，汉子们还因为迈不开步看着病人死在了那"蚂蚁梯"和"搭钩梯"上。这就把现实与历史有机地结合在了一起，让重大事实的挖掘和描述更显示出紧迫性和现实性。在这样的情势下，修路的燃点已经到了顶点，加上县委书记的支持和指令，锡崖沟人再也不能忍耐下去了，一触即发的热情鼓起了改变命运的激情，新闻群体形象塑造已经有了充分的基础和氛围。古文讲究造势，此处新闻群体人物故事背景的充分描写，也使通讯进入了全面展开和真正发力的地步。特别是不仅有生死抗争的事实，还有与油盆村一样的贫困相困扰，而贫困的根源仍是没有路，那就更体现了修路的必要和急迫。记者同样进行了简短而又简洁的描写：

　　没有路，沟里盛产的黄梨和红果，只能一堆一堆地烂成泥做肥料；满山的名贵中药材，只能一把一把地当柴烧；一块块光洁闪亮的青石板只能大材小用垒了茅厕和鸡窝。

　　没有路，沟里沟外所有的公务联络，只能通过山顶和山底的高声对话和扔吊包裹来进行。

　　锡崖沟人就是这样，祖祖辈辈在四座大山锁着的牢笼里与世隔绝，远离文明。

贫困总是和封闭相结缘。冲破四座大山锁着的牢笼，走近文明，与世相连，成了当今锡崖沟人的大声呐喊。"咱说下啥也得跟外面接上趟"，锡崖沟人终于等到了要修路的这一天，他们再也不愿像祖祖辈辈那样活着，一起站出来要对"绝路"说不，向悬崖宣战，可以说，记者使用了足够多的铺排材料，为最激励人心的战斗做了最好的宣言。为了告别"蚂蚁梯"和"搭钩梯"，将绝壁险壑变成与外界畅行的通途，锡崖沟村上演了一场改变自己命运的伟大斗争，岂不令人为之兴奋、为之关注、为之助力。正因为锡崖沟人比之油盆村面对的难处更大，作品写作上，也是有更深的丰厚层次，有了更多揪心的故事，体现了几十年，几代人，一条路，一条心，而最终是人心齐，泰山移，锡崖沟人的群体形象光辉闪耀，恰似他们所处的太行山主峰王莽岭一样巍峨高耸。

为了塑造好"太行七贤"和锡崖沟人群体形象，记者在《太行七贤》和《路》的采写中不惜脚力和笔力，挖掘出了极具价值的各种材料，而且写足了重大事实的艰辛程度。其实，在群体人物形象塑造的典籍《史记》中，更是动辄展开惊天的残酷事实，描述众多的厮杀流血，其间几人或十几人的人物描写，以及众多的群体刻画，无不是处处精彩绝伦，事事惊心动魄，足见重大事实是成就群体人物形象的根本元素。

由此看来，群体人物通讯中重大事实艰辛的挖掘，还在于史料背景和环境材料的充分发现和巧妙使用。像《路》和《太行七贤》，以及《棋盘陀上五壮士》，无不深刻挖掘和描写了群体人物所处环境的残酷程度。锡崖沟、油盆村和棋盘陀险要异常，其恶劣程度为常人所难以想象。正是如此与世隔绝的环境才让山里人有了冲出大山的生死抉择；也正是有了棋盘陀那样的险恶，才成就了五壮士与日本侵略者决一死战的壮举。不过，群体人物的价值不仅在于事实艰辛，更在于历史的纵深度，其久远的史实必须通过背景材料的充分发现和巧妙使用来体现。在这方面，两篇有关路的报道，还有笔者《古山村的退伍兵》，以及几篇古文范例中，都对史料有深刻发掘和生动描述。所以说，越是重大的群体人物描写，越不能忽略背景材料的铺陈和映衬。这好比群体浮雕相应的背景处理，越深厚，越深邃，越会产生出奇特效果。

其次是群体人物情感多样的采撷与刻画。

群体人物的特征除了共同做一件伟大事业外，还在于群体人物丰富多彩的情感交流互动上。群体人物采写的重点在"群"字上，而群又由多样性和丰富性所组成。俗话说，人上一百，形形色色。一人一个品格脾性，一人一个表现形态，一人一个情怀内涵，群体人物就在于性格、形态、内涵多样和多彩的表达上。多样是多方面，多彩是各种色相，多样和多彩都要在采访中充分发现，更要在写作上充分再现。唯有多样和多彩才能更好地体现群体人物形象，没有多样和多彩，群体人物只会显露出单薄。

《路》中仅人物就写了几十个，重点人物也有十多个，另外还有"青年突击队""光棍队""父子兵排""敢死队"等，但作品注意了群体人物多样和多彩的挖掘和描写，因而使得众多人物形象活灵活现，品性不同，形态各异，举止有别，各具特色。比如通讯开篇写到的普通群众宋双保，他不幸牺牲在与村支书董怀跃一起排除哑炮的事故中，在他的墓碑前，人们想起他编的顺口溜曾唱红了整条沟，"打通洞，修好路，开着三轮嘣嘣嘣，城里的街上咱也遛一遛"。可见再残酷的事实也打不倒老百姓的梦想，乐天派的宋双保给锡崖沟酷烈生活涂抹上了一道亮色。还有不是修路英雄的司机董春安，这位出生在锡崖沟村的外乡人，早就发过誓，要开跑锡崖沟的第一辆探险车，他的愿望实现了："1991 年 6 月 10 日——祖祖辈辈锡崖沟人翘首渴盼的时刻。"……"8 时整，他噙着泪水启动了那辆解放牌车"，接下来，拐弯，刹车，缓行，穿过了一个又一个隧洞，一段又一段悬崖险道，"乡亲们出现了，羊肚白的毛巾挥舞着，铁锹、镢头上下抖动着。响了，鞭炮响了，来啦，汽车来啦；通了，修了 30 年的路真通了！从来没有见过汽车的锡崖人顿时愣住了。那一刻，死一般的无声，突然不知谁'哇'地一声，全村老少竟抱在一起痛哭……"那种种兴奋而复杂的心理和行为情节，通讯都做了细致而感人的描写，这就让群体形象分外圆满和灵鲜。这些细节和情景，以及各个迥然不同的人物形象，都是要通过深入采访挖掘，然后运用灵动的笔墨去表现，所以，只有采访得深、体会得透，才能表达叙述得出神出彩，叙述的技巧在此就有了用武之地。

需要强调的是，多样和多彩往往又要通过比较来体现，比较才能更加鲜明，更加生动，更加显出群体人物的丰厚。比较有事实艰巨和攻坚克难上的比较，有群体人物性格品性上的比较，有群体人物写作笔法上的比较，可以说，比较是采写好群体人物通讯的不二法宝。比较就是对比。对比方显映衬。映衬越鲜明，越能彰显群体风情。用比较的方法，锡崖沟人艰苦卓绝三十年修路历程惊心动魄；用比较的方法，陈涉、项羽、刘邦等起事称雄的历史功绩震古烁今；用比较的方法，号称油盆村"首富"的七贤们倾其所有的付出更显得金贵。

且看《太行七贤》中是如何运用比较方法衬托带头人赵安明的：

回到油盆村，我们拜访了赵安明家。很难想象这就是油盆村首富的家：院墙几处都有豁口，房子也十分陈旧，堂屋墙上的漏痕清晰可辨。屋里没有一件像样的家具。休息时,记者看到床上的被子、被单竟然摆满了补丁。女主人梁连秀很不好意思,赶忙在柜子里翻腾了半天,也没有找出一床像样的。

一方面是"首富",拿出数万元,带头去修村里的路;一方面自己家里又是破院旧房,屋里连件像样的家具也没有,而且被子和被单摆满了补丁。不仅如此,记者还跟上一句话,即女主人都觉得不好意思,然而在柜子里翻腾了半天,也没找出一床像样的。如此写来,还要说什么大道理吗?赵安明什么样的思想境界,什么样的精神追求,什么样的胸怀风貌,不是一目了然了吗?这比那些刻意拔高的说辞,比那些不着边际的标签,比那些硬要塞上的高调论理,都要更有说服力和感化性。不仅如此,记者还在比较写作方法上继续发力,紧接"首富"家的具体描写之后,又用更为具体更为形象的笔法,以及更为感人的故事,强化赵安明作为带头人的形象描写,使群体人物如浮雕中的指挥员那样扎实感人:

"听说你大年三十晚上把老赵赶出了家门?"我们和梁连秀打趣。

女主人红了脸。顿了一会儿说:"其实,也不能光怪俺拉他的后腿。修路,俺也没意见。可也不能给俺们娘几个一个子儿也不剩啊。三个孩子都在上学,以后花钱的地方多着呢。十年前就说要修房子了,好不容易备齐了料,又让他全部给卖了。你们不知道,他的钱来得多么不容易啊,最早,他到南营村卖柴,一担柴75公斤多,50多里山地,一来一回得一天一夜,才能卖两块多钱。后来他上山挖药材，爬高上低的，让俺娘几个整天为他提心吊胆……"说到这儿，她眼圈都红了。

"行了，行了，大家还不都一样，风亮、五月、海军……谁的钱不是苦汗钱？！"赵安明打断了媳妇的话。

比较的方法更能体现群体人物性格的多样性和丰富性，也更有利于群体人物形象的精彩描写。群体人物需要各具特点的形象描述，不同性格、不同言行、不同形态，会让群体人物更加鲜活灵动。事实上，比较得越充分、越精巧，越能衬托美妙。因为用了比较的笔法，锡崖沟村三代支书在三十年的修路壮举中性格举止愈显崇高；因为用了比较的方法，油盆村首富赵安明在修路中的付出越发生猛；因为用了比较的方法，陈涉为佣耕时的"苟富贵，无相忘"的怅言更为滑稽可笑；因为用了比较的方法，项羽"天之亡我，我何渡为"的自负愈加惨烈可悲；因为用了比较的方法，刘邦"此三者（张良、萧何、韩信），皆人杰也，吾能用之，此吾所以取天下也。项羽有一范增而不能用，此其所以为我擒也"的历史研判岂不更加发人深思？同样地，因为用了比较的方法，"建安七子""竹林七贤"以及魏晋诸多名士形象分外栩栩如生，如在目前。所以，在群体形象的塑造中，凡能写活一个人的方法，在群体人物采写中都应尽情去用，而且还要更深入，更灵活，更追求创新，才能将群体人物形象描写刻画得更好。

再次是群体人物写作收尾的精妙与有力。

古今为文，在运笔写作上，无不讲究技法，即如何写好开头，如何展开主体，又如何搞好收尾。元代陶宗仪《南村辍耕录》云："作乐府亦有法，曰凤头、猪肚、豹尾六字是也。""大致起要美丽，中要浩荡，结要响亮。尤贵在首尾贯穿，意思清新。苟能若是，斯可以言乐府矣。"说凤头、猪肚、豹尾"六字法"，这是对诗文创作的开头、主体以及结尾的形象比喻，意在强调文章的起头要奇句夺目，引人入胜，如同凤头一样精彩俊美；文章的主体则要言之有物，紧凑而有气势，如同猪肚一样饱满充实；而文章结尾则须力求圆转得别有深意，或呼应起首，或放眼展望，或宕开警策，譬如豹尾一样雄劲有力。

新闻报道作品同样讲究如何写好开头，如何写好主体，以及如何将结尾收好。但不是什么种类的报道，都要追求古之行文"六字法"那样的模式。报道种类的不同，开头、主体、收尾也有不同。比如消息，那是要把最重要的写在前面，成功的采写做法是"倒金字塔"，即在导语和主体部分将事实交代清晰即可，对结尾都不做硬性要求。其他如纪事、特写等，其开头自然需要俊美精彩，引人入胜，主体同消息一样需要言之有物，紧凑而有气势，但结尾却也是灵活多变。就是人物通讯，其个体人物写作上，也不大特别注重收尾，个体人物的重大成就和功绩等，往往如消息写作一样，在通讯的开头就做了点睛般交代，比如任长霞、李素珍等，以及古人所写王承福、郭橐驼、陈驭虚、樵髯等。其个性特征及重大的社会影响等，无不是作为"凤头"效果予以展示，其主体部分则分为若干层次展开，从多个侧面丰富人物形象，提升人物情怀，至于结尾往往轻轻点拨收起，却不大去刻意处理。而群体人物写作就不同了，这是由群体人物的特征所决定的。因为群体人物有着共同的目标意识，有着更大范围的社会认同，群体人物内部又有头雁及其群体人员不同分工，各个成员扮演着各自鲜明的角色，他们共同为之奋斗的成就以及所要留给后人的经验和教训等，往往在收尾时需要有个交代，所以收尾就显得尤为重要。

　　道理很明白，群体人物写作的收尾，除了要考虑群体人物的特征，还要结合群体人物采写上的具体要求，依据重大事实的具体描述，以及群体人物包括头雁人物和其他人员的细致刻画，在逼真的故事展现后，有必要对重大事实的根本改变、群体人物为之奋斗所带来的深刻影响、能够汲取的经验教训以及对未来的展望和期待在收尾中浓墨重彩地加以体现，而且还要力求在收尾上更有力量、更为精美、更有张力。

　　必须强调的是，群体人物写作要使收尾如同"豹尾"一样有力，"结得响亮"，必须要在主体充分展现的基础上，才能转出别意，雄劲潇洒。所以，不仅开头要琢磨好，更多的精力还是要集中在主体部分的写作上，这样收尾才有出处。要知道，收尾是为开头服务的，更是主体部分的顺势而为。对开头而言，收尾须与之相呼应；对主体而言，收尾则是水到渠成，呼之而出。就是说，主体部分描写得越充分，其气与势积聚的势能越大，越能够形成收尾的磅礴力量，越能够显示出收尾的精美有力。这些也如同水之积蓄，水之不足，不能够成流，水之不蓄，不足以成洪峰。孟子对此做形象比喻云："源泉混混，不舍昼夜，盈科而后进，放乎四海（《孟子·离娄上》）。"所以说，主体部分事实艰巨性描写得越是充分，群众人物行动表现得越是逼真，社会认同和共同目标表达得越是足够感人，那么与之相响应的收尾，就越能够顺势而成，最终"放手四海"，甩出"豹尾"的宏丽和炸响。

　　具体起来，有以下几点收尾技法似可资鉴赏：

　　一是依据巨大事实的挖掘展现，以所取得的伟大成就相回报。前面说过，群体人物是在具体的重大而艰苦的事实中，为着共同的目标和利益，向着共同的敌人和困难殊死搏斗，付出极大的心血和汗水，甚或是流血牺牲，也在所不辞。那么，他们的拼搏和牺牲，他们的向往和执着，最终得到了什么？是否达到了预期目标，得到了应有利益？这既是读者所关注的，也是最能体现群体人物形象价值的地方，也最能张扬作品的浑厚，体现新闻的品位，所以要求结尾处必须给予回答。而回答得到位与否，也是采写者综合水准高低的亮相。

如上所说，真正要写好巨大而艰辛的事实，必须在具体事实艰巨性上挖掘好，在顽强的拼搏战斗中体现群体的付出，写得越充分，描写得越具体，越能打动人，同时对于收尾来说，也就更能有针对性地去展示。《路》是一座伟大的丰碑，是锡崖沟三十年几代人用鲜血和生命铸成的丰碑。在具体的写作上，记者用了五部分，其中主体就用了三大板块，生动具体而翔实可感地再现了锡崖沟村人的执着和坚韧，比如，如何从辘辘饥肠上刮下米面支援修路，如何在难以想象的挫折失败中绝地奋起，如何吸取教训寻求出科学修路办法，如何逼上梁山向巨石区生死一搏，又如何经历了数百个"山顶洞人"的苦干最终穿出了上千米山腰，实现了祖祖辈辈的通路梦。

如此巨大的新闻事实，如此伟岸的群体人物，如此艰辛的付出，加上如此精细的描写，可谓是路通了，人活了，共同的目标实现了。然而，最终的收益如何呢？通讯是不是要有个交代呢？是的，记者在通讯中又用了一部分，而且是翔实地不厌其烦地对所取得成绩、对群众所获得的天大的喜悦给予描写，为这篇感动人心的作品留下响亮收尾：

　　　　锡崖沟人，山一样的意志。

　　　　锡崖沟人，必须得到山一般的回报。

路通了，那满山湾的红果和黄梨，当年就换回了 2 万元的票子，那几米见方的青石板成了抢手货，山外的建筑工地派车一趟一趟地往出拉；陕西、河南人找上门订合同，包销这里的十几种药材。

路通了，村里成立了编织队，"那些枝枝条条，扎把扎把出山就是钱"，沟里有了养鱼专业户，"围上塘子，撒上苗子，不到尺长，就有人上门收"。

路通了，从来没听说过人均收入这个词的沟里人，1992 年也有了 211 元的开端。

当时，宋志龙（第三任带头修路村支书）伸直了四根指头对记者说："明年你来，肯定能上这个数。"

接下来，记者又写了一年后的见闻，虽然很简略，但依然极生动。记者写到村里要盖一所小学校，村里有了 10 多辆小三轮，村里办起了农家乐，村里也出现了个体户、专业户，还迎来了南方投资商，宋志龙踌躇满志要建水力发电站，这一切都来自路的开通，是几代人付出得到了喜人的回报。锡崖沟有了天翻地覆大变化，锡崖沟人真正"给外面接上趟"了。这样的收尾是伟大成就的具体描述，是艰苦奋斗换来的最大欣悦，如此收尾不是最精彩、最有力的描绘吗？所以记者又顺势来了两句更为激动人心的话语，不是狗尾续貂，而是一咏三叹：

那 15 里漫长而又短暂的锡崖路，正在给锡崖沟人带来生机，带来文明，带来富裕，带来希望……

锡崖人以几代人的奋斗送走了一个沉重的世纪。

锡崖人以万重山的襟怀迎来了一个多姿的时代。

这样的丰厚回报还不值得讴歌吗?这样富有诗意的收尾还不亮丽精美吗?

二是通过群体人物情感的真切再现,展示昂扬高尚的时代精神。在群体人物采写中,面对巨大而艰辛的事实,群体人物往往要团结起一切力量,合力制胜顽固的敌人,其间必定要靠具体言行释放出巨大的精神能量。那么,是什么样的精神鼓舞着群体人物去拼搏奋斗的,或者说,他们在战胜一个又一个困难中,拿出全部精力,拼尽自己的最后一滴鲜血,鼓动起众多的人群奋起跟进,战胜了无数难以想象的艰难险阻,取得了令人骄傲的胜利,其中所彰显出的精神是什么?又能给人们什么样的鼓舞和激励?收尾必须在这方面多着笔、多发力,才能让群体人物形象更好地体现时代风貌。

新闻作品不可能如文学作品那样,通过种种描写刻画,让读者从中去体会精神所在,感受润物细无声的思想内涵。新闻作品要通过具体事实,非常鲜明地表露观点,就是群体人物形象刻画也要毫不隐讳地亮明所要表达的思想,给读者以昂扬向上的精神鼓舞。如同人民英雄纪念碑周围的浮雕作品,必须为高耸云天的丰碑服务。此处以《太行七贤》为例,和《路》一样,亦是改变落后封闭面貌的体裁,所不同的是,后者的重点描述的是修路的艰辛和牺牲,而前者则是侧重于奉献精神的深切体现。因为主体着重描写不同,作品的收尾也就有所不同,锡崖沟人是在通路的幸福感上着力,而"太行七贤"的收尾则在时代精神上彰显。虽然,油盆村的路通之后,也有幸福感的描写,但那只是一笔带过,对于修路过程的艰难也没有展开，而是对于七贤的奉献精神做了浓墨重彩的宣扬，即为修路他们拿出了自己的全部积蓄，为修路他们也更明白全村人一起支持的可贵。记者在通讯结尾处是这样强化提升的：

"你们修路图的是啥？"我们向赵安明问起了一个久憋在心中的疑问。

"图啥？"说着，这位淳朴的汉子解开纽扣露出右肩让我们看："这些老茧都是成年累月背东西留下的。天天背，实在太累了。不能让孩子们再背下去了……"

转身问崔风亮，崔风亮说："俺爹是 1938 年的老党员，解放后一直当村干部，他几次张罗着想把路修通，可因村里经济困难，没能实现。他临死的时候还对俺说：'风亮，爹当了一辈子干部，也没能替乡亲们把路修通，心里一直不安生。你以后有了钱，说啥也要把路修通。'这些年我一直下着狠劲，这辈子砸锅卖铁也得把路修通，不能把账再留给孩子了。"

"实际上，这条路应该是俺全村人共同修的，俺们 7 个只不过是带了个头。你看，修路的那些日子，每天都有三四百乡亲赶来帮忙，有的家里缺少劳力，就拿出鸡蛋、菜送到工地上。路要经过谁家的地块，不用吭声，人家就主动让出。村干部更是跑前跑后给我们做好后勤工作……没有大伙的支持，单凭我们 7 个人，这路是无法修通的。"赵安明回答说。

没有豪言壮语，一切从他们口中说出是那样的平淡。然而，峭壁上的那条蜿蜒曲折的盘山路，却如一座不朽的丰碑，一首隽永的赞歌……

必须把路修通，不能让孩子们再苦下去，不能把账再留给孩子了，这是"太行七贤"的所思所想，更是油盆村几代人的梦想。7位山民在自己富裕之后，没有满足于小家小富，而是想到长远，想到乡亲，想到和大家共奔小康。这已经不仅是将几万元积蓄砸进修路的问题，而是一种高尚的精神，一种人生的境界，一种时代的光辉，一种需要向全社会传扬的力量。记者生动再现了"太行七贤"从动议拿出积蓄修路，到资金不足卖掉盖房的木料，拿出为儿子结婚的钱，甚至一天跑几家亲友去借钱，一句"图啥"的发自心底的提问和回答，让当代七贤的精神得到响彻太行的回声，这岂不是最为可贵的精神财富，最为精美的收尾？！

还有韩愈的《张中丞传后叙》，在痛快淋漓地批驳了对许远的种种污蔑之词，以及补叙了南霁云的忠诚刚烈和张巡、许远种种趣事逸闻之后，作者高度赞赏了群体英雄的时代风貌，把英雄们"俱守死、成功名"的忠诚仁义精神作为文章的最高音，为后世树立了永远的榜样。只不过，作为收尾的精神点赞，韩愈不是放在行文之末，而是放在了驳论之后，即"守一城，捍天下，以千百就尽之卒，战百万日滋之师，蔽遮江淮，沮遏其势，天下之不亡，其谁之功也"。谁之功？张巡、许远、南霁云等守城英雄们之功！他们以睢阳城为战斗堡垒，守一城而捍天下，舍命抵抗安史叛军，其视死如归的精神将永为后世楷模。这样的收尾之笔虽不在文末，却依然遮掩不住作品所蕴含着的耀眼光辉。

对于群体人物牺牲精神的歌咏，还有《棋盘陀五壮士》，以及《谁是最可爱的人》，其收尾无不落笔于伟大的精神风貌。前者将五壮士歌咏为"不可动摇的石像"，后者喊出时代最强音"他们确实是我们最可爱的人"。还有当今"太行七贤"的奉献精神，锡崖沟人挖山不止的愚公移山精神，以及张巡、许远的忠诚守义，这样的精神永不过时，是民族复兴的源泉，是时代前进的不竭动力。当行文做足了铺垫蓄势之后，其精神力量的展现自然会在收尾处喷薄而出。

三是在头雁人物及群体奋斗成败中，着眼未来展望及经验教训。群体离不开头雁，头雁的责任担当、思想情怀以及言行举动决定着群体的向心力，也决定着共同目标和利益的实现。在群体人物形象塑造中，对头雁人物的细致刻画，往往是要向读者传递一种期待，显示一种成功的经验以及失败的教训等。收尾处有效地燃爆点化一下，从而给读者以有益的启迪，或鼓起理想的风帆，或汲取历史的教训，或弘扬成功的经验，那是作品运笔泼墨的最终目的，更是群体人物塑造的根本要求。这正如司马迁《报任安书》所云："网罗天下放失旧闻，略考其行事，综其终始，稽其成败兴坏之纪……亦欲以究天人之际，通古今之变，成一家之言。""究"的目的在于"通"，"通"的目的在于"言"，"言"则为成败得失，予人以警策，乃为有用之史著。当今群体人物形象塑造，同样要给人以信心、经验或警策，以作为收尾处分外耀眼的点睛之笔。

其实，要做有用之文，必须先叙述好有情之事，把重大的事实描述好，把头雁人物的精神风貌采掘刻画好，通过各种具体事例的翔实描绘，直至最终结局的展示，说出读者感同身受的事理，并恰到好处地揭示出来，乃为佳作深邃的亮点。《陈涉世家》因为陈胜"为王沉沉者"，又"诸将以其故不亲附，此其所以败"，于是留下了奢靡骄矜者必败的千古警策。《项羽本纪》因项籍"背关怀楚""放逐义帝""自矜功伐""身死东城，尚不觉寤而不自责"，实在是难辞其"过"，其教训何等深刻。《高祖本纪》为历史成功者的记载，其经验更在收尾处着墨响应："夫运筹策帷帐之中，决胜于千里之外，吾不如子房；镇国家，抚百姓，给馈饷，不绝粮道，吾不如萧何；连百万之军，战必胜，攻必取，吾不如韩信。此三人者，皆人杰也，吾能用之，此吾所以取天下也。项羽有一范增而不能用，此其所以为我擒也。"这些都是作者在"究""通"之后的彻悟之"言"，在头雁和群体人物的具体描写之后，顺势而为地点上几笔，真是有醍醐灌顶之功效。

不过，在当今群体人物形象的刻画描写中，多会从正面落笔，释放的多是社会正能量，那么在具体的事实深入发掘中，在具体事例的逼真描写里，于头雁人物和群体人物刻画之后，必定是往昂扬处发力，在未来展望中给人以积极向上的鼓舞力量。不说别的，笔者就在《古山村的退伍兵》短小的篇幅里，写足了头雁人物和群体人物不甘落后的心力，以及他们退伍不退志，贫而不馁，为乡亲亦为自己奋力而作，那未来必将有所改变，收尾处自然感慨系之："古山村虽处遥远大山里，但有这样一群退伍兵，距离文明富裕的新农村似乎并不遥远！"

收尾堪为重要，却也并无诀窍，能收在行文的蓄势集气之中即可。开头起好势，主体蓄足势，一气而作，顺势有为，那收尾自然会神完气足，精彩纷呈，响亮有力。这一切又都取决于采访的深入，取决于记者对艰巨事实的痛切感悟，取决于对群体人物精神的倾心挚爱。一句话，采访决定写作，有多么深刻的采访，有多么深切的体察，有多么澎湃的激情，才会有多么优秀的作品。所以——

最后是群体人物采写的激情集聚与热情点燃。

没有激情不为文。激情是什么？在群体人物采写中，激情就是采访的冲动，写作的烈火，焕发文采的思绪。有了冲动，才能抓取含金量很高的材料；有了烈火，才能将新闻人物写活；有了文思，才能写出令人喜爱的佳作。古人行文重气。孟子曰："我善养吾浩然之气。"刘大櫆亦云："行文之道，神为主，气辅之。"在他看来，"气随神转"，"神者，文家之宝"。其实，气与神都要靠激情集聚和热情点燃，没有激情和热情，哪来的气，更谈不上神。

正因为充满了激情和热情，《路》和《太行七贤》的群体人物形象才充满了浩然正气，才有了震撼人心的魅力，才得到了读者的深情厚爱；正因为充满了激情和热情，韩愈才把死守睢阳的英雄群体写得气塞天地，神立乾坤，成就了千古传唱的名篇；也正因为充满了激情和热情，太史公更把"本纪""世家""列传"中的各种群体历史人物写得有血有肉、神气活现。还有笔者拙作《古山村的退伍兵》，那也是因为激情和热情所致，才写活了穷山村的一群退伍兵，写出了大别山人深蕴可爱的清气和神采。

激情和热情是气与神的源泉，是气与神的磁场，是气与神的发动机。群体人物采写上的成功，最终体现在对于被描写对象的激情和热情上，要以一颗赤诚的心，对所表现对象倾注强烈感情。正如刘开渠所说，"雕塑家对于自己所塑造的人物，必须有真正的理解，必须是真正的爱"。他说，在一定程度来讲，"雕刻家的认识能力和表现能力，以及他对于被描写对象的激情，则是作品成败的关键"。一句话，群体人物采写的成功关键，同样也体现在记者对群体人物真正的理解、真正的爱以及对于被描写对象的激情之上。唯有用生命和心血与描写对象交流，才能在感动于自己的采写行动中，最终用激情和热情塑造出群体人物形象的时代风貌。

那么激情和热情又来自何处呢？首先，最根本的一点是，激情和热情源自事实采访写作中的情感集聚，这种情感上的集聚贯穿于采访写作的全过程。可以说，有多深入的采访和体悟，就会有多深的理解，就会产生多深厚的激情和热情。采访越深入，写作时越投入，情感集聚越强烈，直至达到激情真正被点燃。如前所说，群体人物面对的往往是重大而艰巨的事实，对这种事实必须真正挖掘出其艰辛程度，必须真正弄清众多人物的共同付出，必须寻求到群体人物在重大事实中的闪光所在，才能真正刻画出栩栩如生的群体形象。那么在采访中，随着采访的深入，就会越来越感受到事实的震撼性，感受到众多人物在事实改变中的作用，就会随着事实的变化而发生情感变化。同时还要注意众多人物性格品性在事实变化中的不同表现，必须特别注意众多人物的不同情态、不同性格和心态表达。不同的表现和表达，才会把群体人物塑造得更鲜明可爱。在这里，采访就是收集群体雕塑的材料，材料越充分越便于群体人物的雕塑。如刘大櫆《论文偶记》所说："譬如大匠操斤，无土木材料，纵有成风尽垩手段，何处设施？"也就是俗话所说的，巧妇难做无米之炊。采访决定写作，说的正是这个道理。其实，采访的过程也是激情和热情点燃的过程。采写群体人物通讯，更需要这种磅礴的思绪和洪水般的激情和热情。为了体会"太行七贤"修路的艰辛，记者王慧敏决定在不影响编辑任务的情况下，利用双休日快去快回。他在《不改初衷》的体会文章中道出了那时的思绪：

　　周五上完夜班，我坐上火车赶到石家庄。马不停蹄又颠簸几十公里赶到灵寿；一打听，距离要去采访的地方还有近百公里，且全是山路。一口水也来不及喝，我又迅速赶往油盆村。

　　油盆村位居太行山腹地，周围四座大山环绕，从"盆底"到"盆沿"的山路沿着峭壁而修，有20多公里长。这路，往上看，危崖高耸；往下瞅，谷不见底。

　　县里同去的司机担心安全，说什么也不愿往前开。

　　为了体会山民修路的艰辛，也为了确保新闻真实，我决定徒步走。

　　山上雪花飘飘，狂风怒吼，我冻得浑身直打哆嗦，用了6个多小时才走完全程。来到路的尽头，过度疲劳、山上缺氧，加之一天多没有进食，我再也支持不住了，软绵绵晕倒在地……

　　请看，记者岂止是用激情和热情在采写，其实他是用生命在采写"太行七贤"的动人事迹。事实上，应该说是"太行七贤"的精神感动了记者，记者用激情、热情和生命，写出了充满激情、热情和生命活力的新闻作品，又用崇高的群体人物形象感动着读者。在王慧敏看来，"记者，就是把新闻现场作为战场的战士。"只有置身于新闻现场，记者才有用武之地，记者这个职业才有存在的意义。也正因为如此，记者稿子刊出时，时任《人民日报》总编辑范敬宜在亲自撰写的"编者按"中不仅为"太行七贤"的精神而讴歌，更为记者的采写激情给予了由衷赞叹：

　　为了采访"太行七贤"，我们的年轻记者王慧敏和灵寿县委宣传部的两位同志，徒步跋涉20多公里，深入那个海拔2000多米、乱石嶙峋、沟壑纵横的山村。过度疲劳和连续采访使王慧敏一度休克。他是含着热泪写成这篇报道的。人民群众的伟大实践感染了他，他又力求通过自己的笔感染更多的人民群众。

还有，采访《路》的记者又何尝不是如此，他一样是吃住在锡崖沟村，一次次与村里人一起深入现场走访感受，不仅收集了大量现场的和历史的材料，也更加丰富了自己的情感，同样是含着泪写出了感天动地的群体人物通讯。稿件传到报社后，编辑也是含着泪编发，总编含着泪签发，直至读者含着泪阅读。同样地，写出惊世巨著《史记》的司马迁，前后几十年"行天下，周览四海名山大川，与燕、赵豪俊交游"，故能使群体人物形象"颇有奇气"。

在具体的写作中，除了像个体人物写作那样，既要运用技巧，更要促动情感发酵，真正让激情和热情统领写作，让激情和热情点燃作品也点燃记者自己，致使写作中吃不好，睡不好，如痴如醉，如疯如魔，不吐不快，大有与作品共存亡之感。其实，通过采访和写作酝酿，真正涌动起极大的激情和热情之后，就会进入一种生命再现的创造境界，达到群体人物呼之欲出的状态。说到底，酝酿的过程就是情感集聚的过程，是热情点燃的过程，其间咀嚼材料，回味思考，观贤人之巨作，与达人相交谈，让激情和热情点燃，令文思泉涌，然后敲动键盘，足"可以尽天下之大观而无憾矣"。不是吗？在看到李翰所为《张巡传》"不为许远立传"，又不载雷万春、南霁云等英雄人物，而坊间又多传许远畏死等小人之语，深为淫辞所震怒的韩愈，屡次"亲祭于其所谓双庙（祭祀张巡、许远）者"，走访"老人往往说巡、远时事"，收集了南霁云等守城英雄事迹，还有反面人物贺兰进明的卑劣行径，积聚起了极大的激情和热情，慨然写出千古名篇《张中丞传后叙》，成功地塑造了睢阳保卫战的群体人物雕像。司马迁靠着非凡的使命观，诚以著书，"究天地之际，通古今之变，成一家之言"，运用丰富的艺术手法，留下千古不朽的人物群体画廊。如果激情和热情不足，无论古今，可以说，都无法写出那么惊世骇俗的群体人物名作。

这让人再次想到刘开渠《对雕塑创作的几点意见》的重要论点，其中有关创作激情的观点，对此特有针对性。他说："要创作一件完美的能够感动人心的雕刻品，就要求雕刻家对自己所描写的对象，既要有深刻的认识和了解，更要有强烈的感情。有形无情的雕像，是不能称为好的艺术品的。"

说到这里，不妨做如此小结：

如何写"活"一个人和如何写"活"一群人，两个论题，一样同理。本书虽然对两个论题都做了一定的论述，也结合古今名作做了一定探索，但需要强调的是，千说万说，唯有一点，那就是热爱，对新闻事业的热爱，对采访对象的热爱，有了热爱才会产生按捺不住的写作激情和采访热情，才能写"活"一个人或一群人。这就像刘开渠所说的那样，一位真正的雕塑家，应该拥有一颗皮格马利翁的心灵。他说，古代塞浦路斯有这样一个传说，雕刻家皮格马利翁用大理石雕刻加拉蒂的全身像。在工作过程中，他倾注了全部感情于这位海之女神身上，聚精会神地描绘她、刻画她，当凿完最后一凿时，这个雕像竟然活了！刘开渠讲完这个故事后说，创作一件艺术品，作者首先要有一颗赤诚的心，对于所表现的对象，要有对情人那样的爱，要有按捺不住的激情才行。刘开渠正是饱含着如此激情，以及像对情人那样的爱，才成功地创作和领导了人民英雄纪念碑群体浮雕人物的伟大创作。他对雕塑艺术的挚爱正是新闻人的一面镜子，他的实践和探索更是个体人物和群体人物塑造刻画上的难得良方。让我们记住大师名言，饱含激情，点燃热情，用赤诚的心，和对情人那样的爱，努力写"活"每一个和每一群新闻人物。

阅读篇目（人物卷）

现代新闻人物

1.《魂系警徽　心连万家——记全国公安系统一级英模李素珍》（1997年2月15日《人民日报》）

2.《百姓心中的丰碑——追记公安局长的楷模任长霞》（2004年6月3日《人民日报》）

3.《古山村的退伍兵》（1995年3月21日《人民日报》）

4.《从退伍兵到"钢球大王"》（1992年9月27日《人民日报》）

5.《欢迎你到中国去》（2019年3月24日《人民日报》）

6.《本分实在传家久》（2019年2月7日《人民日报》）

7.《爱兮，归来》（1987年2月3日《安徽日报·安徽农民报》）

8.沈重《棋盘陀上五壮士》（1941年11月5日《晋察冀日报》）

9.魏巍《谁是最可爱的人》（1951年4月12日《新华社新闻稿》）

10.《路》（1994年6月22日《人民日报》）

11.《太行七贤》（1994年12月30日《人民日报》）

12.《为百姓，他不曾犹豫半分》（2019年10月22日《人民日报》）

古文人物

1.韩愈《圬者王承福传》(中华经典藏书《古文观上》,钟基、李先银、王身钢译注,中华书局 2012 年版)

2.柳宗元《种树郭橐驼传》(中华经典藏书《古文观上》,钟基、李先银、王身钢译注,中华书局 2012 年版)

3.苏轼《方山子传》(中华经典藏书《古文观上》,钟基、李先银、王身钢译注,中华书局 2012 年版)

4.方苞《陈驭虚墓志铭》(《方望溪先生全集》,阮伯林编注,西藏人民出版社 2005 年版)

5.刘大櫆《樵髯传》(《桐城明清散文选》,江小南、方宁胜主编,安徽美术出版社 2011 年版)

6.司马迁《史记·陈涉世家》(中华经典藏书《史记》,韩兆琦译注,中华书局 2012 年版)

7.韩愈《祭十二郎文》(中华经典藏书《古文观上》,钟基、李先银、王身钢译注,中华书局 2012 年版)

8.颜真卿《祭侄文稿》(《国宝春秋 书画篇》,李倍雷著,江西美术出版社 2008 年版)

9.韩愈《张中丞传后叙》(《大学语文》第十版,徐中玉、齐森华主编,华东师范大学出版社 2013 年版)

10.司马迁《史记·高祖本纪》(中华经典藏书《史记》,韩兆琦译注,中华书局 2012 年版)

11.司马迁《史记·项羽本纪》(中华经典藏书《史记》,韩兆琦译注,中华书局 2012 年版)